滝見山人

里山ごりやくの細道

富澤 清行

愛育出版

養老渓谷の四季

小湊鉄道

養老渓谷駅

春の養老川（もちの木付近）

餌をさがすキセキレイ

清流を飛ぶホタル

姿を現したサワガニ

紅葉したモミジ

初夏のモミジ

冬の万代の滝

秘湯の宿 滝見苑

渓谷別庭 もちの木

滝見苑けんこう村　ごりやくの湯

樹齢 450 年といわれる三河の松（滝見苑玄関横）

グランピング場（勝浦市）

滝見山人小屋

山人畑全景

ビニールハウスでの水耕栽培

飼育しているニワトリ

スッポンを観察する滝見山人

ビニールハウス（手前は万年池）

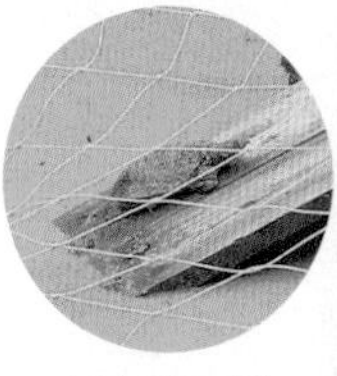
万年池にすむ
スッポン

万年池の水をまいて野菜を育てる滝見山人

万年池の水で育ったキュウリ

万年池の水で育ったトマト

種から苗木に育った山人モミジ

盆栽づくりに精を出す滝見山人

造成中の万葉の道

絵本『さくらのサッちゃんと
みの虫ぼうや』を紙芝居化

滝見山人

里山ごりやくの細道

ごりやくは　苦しみの中から生まれくる　金神様も通る道

はじめに

二代目滝見山人の私は、今年の夏で満77歳になります。千葉県の養老渓谷で長年、旅館を経営してきました。しかし、気力だけは若い人たちにまだまだ負けません。旅館を中心にした滝見苑グループは息子らに任せて、養老渓谷の自然を守り、山の中の「山人畑《さんじんばたけ》」で有機農業による野菜づくりに励む覚悟でいます。

私は24歳で養老渓谷の粟又《あわまた》の滝のそばに住んでいた父(初代滝見山人)のもとに移り住みました。観光客どころか、ほとんどだれも来ない時代でした。若い頃は生きがいを感じることもなく、いろいろ悩みました。旅館経営ではコロナ禍などの荒波に度々見舞われました。しかし、モミジなどの苗木をこつこつと山に植え続けながら、仕事への情熱と知恵を頼りに、滝見苑グループの発展のため全力で駆け抜けてきました。その甲斐あって、植えた苗木は約千本になり、今では紅葉シーズンになると、大勢の観光客が養老渓谷を訪れるようになりました。

「自然は豊かだが、だれも来ない辺鄙《へんぴ》な土地で、旅館経営の夢を実現できたのはなぜなのだろう?」

私は人一倍、努力してきたつもりですが、同時に何かが私を支えてくれているような気がしていました。それが何であるかは、すぐにはわかりませんでした。自然に触れる日々を重ねる中で、自分が自然の恵みに生かされていることを、自然に生きる動植物たちから教わっていると思えてきたのです。

滝見苑グループの一つ、日帰り温泉施設「ごりやくの湯」は、粟又の滝の上流にあります。温泉と食事を楽しめる施設として、お客様からご好評をいただいています。

「ごりやくの湯」は山の中にあり、かつてはイノシシやシカなどが通るけもの道が縦横に走っていました。けもの道の近くには、ヌタ場が所々にあります。イノシシなどは体についた寄生虫や汚れを落としたり、泥に含まれるミネラルを取ったりするため、ヌタ場で泥浴びをするのです。

私は若い頃、山の中で炭焼きをしていた老人のイノシシ猟のお供をしたことがあります。冬のある日、猟犬を連れて山に入りました。しばらく進むと、ヌタ場があり、わずかに白い湯気が立っていました。イノシシの気配を感じて犬が吠え始めました。私はバケツをたたいて犬を勢いづけると、犬を森に放ちました。風上から風下へとイノシシを追い出すのが犬の役目です。待ち伏せていた老人が、姿を現した獲物を見事に仕留めました。

イノシシの肉は貴重な自然の恵みです。味噌漬けにしたモツを囲炉裏で焼いて食べた味が、実にうまかった。老人は自然の恵みを糧にして、山の中で冬を越していました。

私はこの時、別の自然の恵みに気がつきました。

ヌタ場の湯気は温泉の湯気だったのです。この辺りを掘れば、温泉が湧き出すはずです。暖かいヌタ場にはクレソンやセリが生えていました。イノシシ以外の動物の足跡もたくさん残っていましたが、クレソンなどを食べに来た動物のものだと思います。

ヌタ場は温泉と食事を楽しめる動物たちの健康ランドだったのです。この時、自然から教わった体験がヒントになり、健康のための日帰り温泉施設「ごりやくの湯」が誕生したのです。

私は今、「ごりやくの湯」の周りに金神《こんじん》の滝などを巡る「ごりやくの細道」という名の自然遊歩道を造っています。

針葉樹のスギしか生えていなかった森は、モミジや桜などの広葉樹を植えて20年ほど過ぎた頃から、野鳥が子育てをする森になりました。秋にはモミジが赤く染まり、動物の冬の食料になるドングリもたくさん実ります。

森や川で遊び、自然に親しんでもらうことで、自然に感謝する心を子どもたちに育みたい。「ごりやくの細道」には、そんな私の思いが込められているのです。

年をとってきたからでしょうか。ここ数年、私は朝早く目が覚めると、机に向かい、思いついたことをノートにつづっています。それらの原稿と過去に書きためた原稿をまとめて、この度、『滝見山人　里山ごりやくの細道』のタイトルで本を出すことになりました。

旅館経営や有機農業などに邁進してきた私の経験や考え方をお読みいただくことで、少しでも皆様のお役に立てればと願っています。

とりわけ若い方たちには、若い頃の苦労が、その後の私を成長させるバネとなったことなどを、お伝えできればと思います。

この本を書いて思ったのは、自分ではいろいろ勉強してきたつもりでも、自然も農業も奥が深くて、わからないことばかりだということです。わからないことが重なって、自分にイライラすることもありました。

でも、人間だから、わからないことがあって当たり前。精いっぱいやってもわからないことがあれば、わかったふりをせず、今の自分の力の範囲内で書けばよいのです。至らぬ点はどうかご容赦ください。勉強はさらに続けていきます。

滝見山人　里山ごりやくの細道　目次

第2章　自然の恵み　農に学ぶ

第3章　美しい地球を未来へ

第1章　わが人生と旅館経営

1　夢を追い続けて（2021・8・30）

人は夢に希望を抱き、夢を失って悲しみます。私も若い頃、夢を目指して歩み、夢とかけ離れた現実に悩んだものです。

子どもの頃、自分はどんな子どもで、どんな夢を描いていたのか。そんなことを考えていたら、夢に通じる子どもの頃の記憶が蘇ってきました。

私は終戦（１９４５年）の翌年の夏に千葉県松戸市の農家に生まれ、七人きょうだいの末っ子として育ちました。

小学生の夏休み、15歳ほど離れた2番目の兄に連れられて、畑仕事を手伝った時のことです。夕方、タオルでよく磨いた１００個ほどのスイカを、オート三輪の荷台に載せました。今では見かけない三輪のトラックで、都内の市場に出荷するためでした。

私の口に入るのは、出荷されることのない傷もののスイカでしたが、塩をふって食べたスイカの甘さは、まちがいなく夏一番の思い出の味です。

午後6時頃、兄が運転するオート三輪で市場を目指して出発しました。

江戸川を渡った頃、強い川風が吹きつけ、夏でも半袖では寒いぐらいでした。

ガタゴト、ガタゴトと揺られて市場に着き、スイカは荷台から下ろされました。それから競りにかけられるのですが、子どもだった私は、ここから先のことはよくわかりません。


スイカを出荷した帰り道のこと。兄は江戸川にかかる木橋を渡った辺りでオート三輪を止めると、「夕食にしよう」と言って、私を食堂に連れていってくれました。

食堂で食事をするなんて、生まれて初めてです。私はわくわくして店に入りました。

「うまいぞ」と言って、兄は私にカツ丼を注文してくれました。カツ丼を食べるのも、生まれて初めてでした。

「こんなにうまいものがあったのか！」

一口、ほおばった瞬間、カツにしみ込んだ卵と玉ねぎの味が、口の中いっぱいに広がっていくような気がしました。私は黙々と食べ続けました。

一粒も残さずにご飯を食べ終えると、「兄ちゃん、おいしかった」と自分でも驚くほど素直にお礼の言葉が出てきました。兄も、周りにいたお客さんも、みんながささやかな幸せを感じているように見えました。

私にはカツ丼が宝物のように思えました。ただうまいだけではなく、食べた人を幸せな気持ちにしてくれるからです。家庭料理の味とは違う何かを、私はこの時のカツ丼の味に感じたのです。

「三つ子の魂百まで」ということわざがあります。

私の半生をふり返ると、この時の体験が私の夢の原点となって、知らず知らずに私を食の世界へと導き、その後、料理人、食堂・旅館の経営者、さらに野菜づくりへと人生を歩ませたように思えるのです。


私は自然の中で友だちと一緒に遊び回るのが好きな子どもでした、学校の勉強は苦手で、何のために勉強するのかもわかっていませんでした。

ただ、みんなが決めかねている問題などがあると、「こうしよう！」と決断して行動に移すのは速かったようです。そんなところに経営者の要素が芽生えていたのかもしれません。

高校を卒業後、私は料理人になろうと服部栄養専門学校に行きました。学校を出て、東京、大阪で料理の修業を続けました。

一方、父は養鶏孵化農場を兄に譲り、養老渓谷の粟又《あわまた》の滝のそばに居を移し、しばらくして、私も父のところに移り住みました。24歳でしたが、決まった仕事はありませんでした。私は豊かな自然が気に入り、まれに滝を訪れる人たちを相手にかき氷や小川の清水で冷やしたコーラを売って、わずかな収入を稼いでいました。

その頃、双方の親が進めた見合いにより2歳年下の妻と結婚することになりました。いつまでも父を頼るわけにはいかないと考え、父の支援を受けて自分の店を持つことにしました。

夢は旅館経営でしたが、まずは店舗が5坪ほどの小さな蕎麦《そば》屋を始めました。蕎麦以外に川魚料理も出していました。

主力は1杯50円のかけ蕎麦でした。

「かけ蕎麦を何杯売ったら、俺の給料が出るんだ」

「この程度の商売のために、俺は生まれてきたんじゃない」

若い夫婦で頑張ったものの、蕎麦屋は先が見えていました。だれも店に来ないのをよいことに、営業中に川に行って流し網や竹の籠を仕掛けて魚をとっていたこともありました。こんな具合で数年が過ぎたのです。

その頃、ホテルの宿泊単価の話を耳にしました。具体的な金額は忘れましたが、観光地にある大きなホテルの宿泊単価を見て魅力を感じ、「旅館を始めよう!」と決断しました。

いったん決めたら行動は速く、あれよあれよと「秘湯の宿　滝見苑」の開業にこぎつけました。客室わずか3室ほどの旅館の誕生です。

「若いんだから、旅館組合に入って勉強しなさい」。先輩に勧められて地元の旅館組合に入りました。旅館というより民宿といった趣の宿で、組合員の中で最も小さな旅館でした。旅館のことを何も知らなかったので、先輩方には大変お世話になりました。中でも組合長さんにはいろいろと教えていただきました。

その頃の養老渓谷は、訪れる人も少なく、旅館経営は容易ではありませんでした。それでも努力を続けていたら、少しずつ道が開けていきました。

困難を乗り越えていくうちに、「何かが私を支えてくれているのでは?」と思うようになりました。

養老渓谷は渓谷の風景や温泉などが売り物でしたが、今から思えば、ほかの観光地にはない観光の目玉といえるものが乏しかったのです。

私は長年にわたり、モミジなどの雑木の苗木を山からとってきて、滝のそばなどに植えてきました。モミジの紅葉は美しく、雑木の生える森は生き物がすむのに適していると思ったからです。

植えてから30年、40年が経つと、モミジは大きく育って見事な紅葉で人を魅了し、雑木の生える森には、さまざまな生き物が集まるようになりました。

人間が自然を育て、美しい自然を求めて多くの人が集まる。

人間と、自然や生き物たちの間に支え合う関係が生まれ、旅館経営も次第に軌道に乗っていきました。

こうした経験から、私たちは自然に支えられ、自然に生かされていると感じたのです。


お金や経験がなくても、若い頃は夢を持ちたいものです。

夢が叶うかどうかは、本人の努力次第。知恵を磨いて、じっとチャンスを待つのです。チャンスが来たと思ったら、知恵を働かせて、思い切ってチャレンジするのです。

私は旅館を経営するのが、若い頃からの夢でした。民宿のような小さな旅館から出発し、チャンスと見たら大きな借金もいとわず、思い切った手を打ちました。

もちろん、失敗もありました。しかし、そうした経験がいつしか実を結び、旅館を中心にした滝見苑グループを築くことができたのだと思います。


70代半ばになった今も、私には大きな夢があります。

一つは健康・長寿社会の実現です。そのために山人畑で有機農法による野菜づくりに励んでいます。

もう一つは、美しい地球を子どもたちに伝えることです。地球環境の危機が叫ばれる中、私たちの世代がすべき大事な務めだと考えています。

夢は高齢と共に枯れるものではありません。気持ち次第でいつまでも持ち続けられるものだと思っています。

2　捨て猫にゃん太の恩返し（2021・11・19）

私は終戦の翌年に千葉県松戸市の農家に生まれました。七人きょうだいの末っ子で、兄や姉たちからは「猫のしっぽの子」と呼ばれていました。

日本全体がまだまだ貧しく、私のような子どもはいつもおなかをすかせていた時代です。私の両親も子どもたちを養うのに一生懸命でした。

自宅からだいぶ歩いたところに、父が開墾した1町歩（約1ヘクタール）ほどの畑があり、幼かった私以外のきょうだいたちも大人のように働いていました。

小学4年生になって、私も時々畑の仕事を手伝うようになりました。

友だちと遊ぶ時間が少なくなるのは悲しかったけれど、ちょっぴり大人になったようで、誇らしい気持ちもありました。

学校が夏休みに入ると、父に言われて、私が「スイカ番」をすることになりました。

スイカ番の仕事は、丸々と育ったスイカをカラスなどに食べられないように番小屋に泊まって見張ることです。夏の間の1週間ほどの仕事でした。

そんなに長く、家族と離れて寝泊まりするのは初めてでした。

私は「へっちゃらだよ」と強がっていましたが、内心は不安がいっぱいで、父をうらめしく思っていました。

父の気持ちを理解できるようになったのは、父ほどの年齢になってからです。7人きょうだいの末っ子で、父とかなり年齢が離れていた私を、早く一人前にしなければと思う親心を、本当にありがたいと思いました。


ある日、スイカ畑のそばでトラ猫の子猫を見つけました。

何となくいたずら小僧のような気がしたので、「にゃん太」という男の子の名前を付けてやりました。

にゃん太は捨て猫のようで、やせっぽちで、いつもひとりぼっちでした。

母さん猫がいなくて、寂しかったのでしょう。

「ニャーン、ニャーン」と、朝から晩まで寂しそうに鳴いていました。

私には「母ちゃ~ん、どこにいるの？」と泣いているように聞こえました。

しかし、いっぱい鳴いて、声が枯れても、母さん猫は現れません。

その頃の農家はたいてい猫を飼っていました。蔵で保存していた大事なお米などをネズミに食べられないように、しっかり見張りをさせるためです。

ところが、猫に子どもが生まれると、食料不足で猫の餌を増やせなかったので、仕方なく子猫を捨てていました。

初めてのスイカ番の夜は、予想していた通り、ひとりぼっちの寂しい夜でした。番小屋は茅葺《かやぶき》の小屋で、普段は物置や休憩、雨宿りなどにも利用していました。電気はなく、もちろんテレビもありません。日が暮れると、ろうそくを灯していました。

私は夜の小屋ではすることもないので、さっさと布団に入りました。しばらく目をつむっていたら、私を呼ぶ母の声が聞こえ、団らんしている家族の様子がまぶたの奥に浮かんできました。

外はすっかり暗くなりました。聞こえてくるのは虫の音ばかりです。夜空には、たくさんの星が輝いていました。

「ガサ、ガサ」。突然、外で物音がしました。スイカ畑に敷かれた藁を踏んだ音のようです。耳を澄ませていると、その音が少しずつ大きくなってきました。何かが近づいてくるようです。

「今頃、だれが来るんだろう？　スイカ泥棒？」

私は怖くなって、頭から布団をかぶり、聞き耳を立てました。

「ペチャ、ペチャ」「ペチャ、ペチャ」……。

何かをなめているような、不思議な音が聞こえてきます。

しかも、近くからです。何かが番小屋に入ってきたのかもしれません。

私は布団の端を握り締め、息をひそめました。

「ペチャ、ペチャ」。音は続いているのに、何も起こりません。

「何の音だろう？　泥棒ではなさそうだ」

いつの間にか、怖いと思う気持ちが消えていました。

「正体を確かめてやろう」

勇気が湧いてきた私は、布団から顔を出して、音がする方を見つめました。

番小屋の中に何かがいます。

やせぽっちのトラ猫の子猫。スイカ畑で鳴いていた捨て猫のにゃん太でした。

テーブルに使っていた箱の上で私が残しておいたサバ缶をなめていたのです。

私は「こらっ！」と言いかけて、すぐに言うのをやめました。

「何だ、にゃん太じゃないか。びっくりしたぞ」

私は布団から出て、声をかけました。

にゃん太も驚いたようです。食べるのをやめて、私をにらんでいます。

にゃん太は私に怒られると思ったようで、体をこわばらせています。

「いいから食べな。おなか、減ってるんだろ」

私の言葉に、にゃん太も安心したようです。

「ニャー」と鳴くと、再びサバ缶を食べ始めました。

『おまえは捨てられて、悲しそうに鳴いていたね。俺も一人で夜の番をしていて、寂しかったよ』

『おまえも、俺もよく似ているな。俺たちは友だちだ』

そんなことを思っているうちに、私はいつの間にか眠ってしまいました。

翌朝、目覚めた時には、にゃん太の姿はありませんでした。

にゃん太がいるような予感がしたので、スイカ畑に行ってみると、やはりそこににゃん太がいました。

畑を荒らすバッタなどの虫を必死に捕まえようとしています。

泣き虫だった顔は、きりっと引き締まった顔になっています。

虫とりに失敗してもチャレンジし続けるにゃん太を見ているうちに、私の胸が熱くなってきました。

サバ缶を食べさせてくれた私への感謝を込めて、一生懸命、害虫をとろうとしていたからです。

捨て猫が生きていくのは大変なことです。生きるための知恵を教えてくれる母猫がいないので、自分の命を自分で守らなければなりません。

ある朝、スイカ畑を歩いていたにゃん太は、スイカの葉にできた朝露がこぼれて、体がぬれてしまいました。

葉の上の朝露をなめると、冷やっとして、目が覚めるようでした。にゃん太は朝露が渇いたのどを潤してくれることを覚えました。

こうした体験を積み重ねて、生きるための知恵を身につけていけば、厳しい試練も乗り越えられるはずです。

きっと、たくましく生きていってくれるでしょう。

にゃん太には、私という友達がいます。もうひとりぼっちではありません。

3　私たちは必要だから生まれてきた（2018・3・11）

私が子どもだった頃は戦争の影がまだ色濃く残っていました。私が住む松戸市にあったかつての飛行場は焼け野原に鉄骨だけが立っている荒れ果てた有様でした。物心がついた頃でも道路はでこぼこで、真ん中に雑草が生い茂っていました。

兄が二人、姉が四人。私は7番目の子どもです。

末っ子の私は「猫のしっぽの子」と呼ばれ、「自分なんか、いてもいなくてもかまわないんだ」と自分でも思ったものです。

でも、そんな私を、母は本当にかわいがってくれ、私も母の愛情にたっぷりと甘えて育ちました。

私が中学生になると、母が病気で入院し、父も母の看病に追われることになりました。母も父もほとんど家にいない生活が3年以上続いたのです。

その頃、15歳ほど離れた兄が結婚し、子どもが生まれました。10歳あまりしか年齢は違わないのに、私は叔父になったのです。兄は近くに住んでいたので、甥っ子も度々わが家に顔を見せにきました。

まもなく私は自分の立場が変わったことに気づきました。それまでは姉たちが面倒を見てくれていたのですが、叔父となれば、子どもと違って自分のことは自分でやらなければならないと思ったのです。

戦後しばらくは、毎日の生活がやっとという世の中でした。生活の苦労は、みんなもそうだったし、それが当たり前だと思っていました。

しかし、子どもにとって、母親がいない寂しさほどつらいものはありません。70歳になった今でも、母のことを思い出すと目の奥が熱くなります。

「自分は何のために生まれてきたのか」
「生まれなかった方がよかったのではないか」

悶々としながら、私は成長していきました。その間、いろいろな経験を重ねては、何度も壁にぶつかり、はね返されました。

でも、どうすればよかったのか、自分にはわからないことばかりです。

一人で悩み続け、壁を乗り越えるのに、長い時間がかかりました。

子どもの頃の思い出はいろいろあります。

農家の子だった私の弁当は陸稲《おかぼ》七分に麦三分。ぼそぼそのご飯に鰹節や海苔を重ね、真ん中に梅干しが一つ。

しかし、当時は弁当を持ってこられない子ども珍しくない時代だったので、私は恵まれていたのです。

家族みんなが畑仕事のために朝早くから夜遅くまで働きました。私は学校から帰ると、山へ行って薪を拾ってきて、風呂を焚くのが仕事でした。

電気が通っておらず、菜種油でランプを灯していました。家には釜土が二つあり、一つはご飯を炊く釜、もう一つはみそ汁の釜でした。

おもちゃで遊ぶことは少なく、自然の生き物たちが私の遊び相手でした。

春になると、菜の花が一面に咲き、ヒバリが空高く舞い上がってさえずります。捕まえたヒバリのヒナに餌をやったり、メジロを飼ったりしたこともあります。

冬は、スズメを捕まえました。箱の中に米をまいておき、スズメの群れを待ちます。スズメたちが箱に入ったのを見て、箱から伸ばしたロープを引くと、箱がかぶさりスズメたちを閉じ込めるのです。

捕まえたスズメをサツマイモと一緒にぬらした新聞紙に包んで、たき火の残り炭の中に入れます。30分ほどすると、スズメの丸焼きと焼き芋の出来上がり。自分たちでつくったおやつは格別の味でした。


腕白だった子どもの頃の遊びも、七人きょうだいの「しっぽ」の子だからと悩んだことも、どちらも懐かしい思い出です。

ふり返ると、子どもの頃の経験が人生を豊かにしてくれたことに気づきます。

「しっぽ」の子は、家族や友だちらに囲まれ、自然や生き物たちと親しみながら成長しました。だれかに、何かに必要とされているから、私たちはここにいるのです。

私たちは必要だから生まれてきたのです。


私一代で旅館「滝見苑」を創業し、グループをここまで育ててきました。まだ道半ばではありますが、旅館経営の経験を通して大事なことを学びました。

大事だと思うことの一つは、一生懸命やることで苦しみが歓びに変わり得ることです。苦しみに耐えてこそ、成功の歓びがあるのです。

もう一つ大事に思うのは、協力してくれる人の存在です。

話が大きくなりますが、科学技術の発達で人間は豊かさや便利さを手に入れました。一方、平和や環境問題の危機が地球規模で深刻になっています。

美しい地球を未来に残すため、私たちは力を合わせなければなりません。

私たち1人ひとりが必要とされているのです。

滝見山人からのお願いがあります。

若い人には苦労を自ら買って出ていただきたい。一生懸命やれば、苦労は必ず実になるのです。

※今は許可なく野鳥を捕まえたり飼ったりすると法律で罰せられます。

4　父との会話（2017・9・24）

父は千葉県白井町（現在の白井市）の出身でした。その後、松戸市に住むようになり、そこで同郷の母と結婚しました。

父も母も子どもたちを食べさせるのに必死でした。夫婦で養鶏孵化農場を経営し、その傍ら乳牛も飼育していました。幼かった私も卵をとってくるなど、早くから家の仕事を手伝っていました。

しかし、両親とも忙しく、きょうだいも多かったので、子どもの私が父と二人だけで話すことはありませんでした。

父と話すようになったのは、私が栗又に来て一緒に暮らすようになってからと言ってもよいでしょう。

私が父の跡を継いで「二代目滝見山人」を名乗っているのは、一緒に暮らしたことで、「初代滝見山人」の父から大きな影響を受けたからです。

「おまえはここで何をしたいのか？」

最も印象に残っているのが、父のこの言葉です。

栗又に来て、縁談も進んでいるのに、決まった仕事を持たない私を見かねて、こう尋ねたのです。

父のこの一言が引き金になり、私は「俺はここで料理店を始め、いずれは旅館をやりたい」とこれまで考えてきたことを、堰を切ったように話しました。


私は粟又に来る前、東京での料理の修業を終え、大阪に包丁1本で行き、高級ステーキの専門店に偶然勤めることになりました。

1日10時間以上働き、休みは週1日でしたが、私の給料は当時の大卒の初任給の半分でした。知り合いもお金もなく、休日は通天閣近くにあった100円のもつ煮込み蕎麦1杯だけで過ごしたこともありました。苦労もしましたが、同じ釜の飯を食べた同僚たちには助けられました。

大阪で学んだことや将来についての考えを、父に聞いてもらいたかったのです。

「俺は大阪商人の経営やおもてなしの心、同僚の人情などを教わった」

「大阪には優れた若者が多く、大阪で成功するのは難しい」

「俺は人を蹴落として、のし上がっていく世界には向いていない。こんな山奥だからこそ、旅館業を自由にできると思うんだ」

それまで胸にしまっていた旅館経営の夢を、思い切って打ち明けました。

私は人に使われるのが苦手で、自分で勝手にやるのが好きです。性格はのんびりしていて、気を緩めると、仕事のことさえ忘れかねない人間です。自然の中で遊んだり、観察したりするのが好きで、動物や植物を眺めていて飽きることはありません。

こんな私の性格を、父はだれよりもよく知っています。父は、私の話を聞くと、私がいずれここで旅館を経営することを認め、100万円を支援してくれました。私は目の前にぶら下げられたニンジンに勢いを得て、夢だった旅館経営に向かって駆け出したのです。


しばらくして、父が粟又の滝の近くに住むようになったわけを話してくれました。

その日、父はいつものようにこたつで新聞を読んでいました。

私が「父ちゃん、何でこんな田舎に住んでいるんだい」と尋ねると、父は「都会のそばじゃ、農業の時代は終わりだからだよ」と言いました。「何で?」と聞くと、ここに来るまでやっていた養鶏のことなどを話してくれました。

「ニワトリの卵は昔も今も値段は変わらない。ニワトリの飼料は、市場でもらった魚の頭を芋や大根などと一緒に大鍋で煮てつくったので、あまりお金がかからなかった。しかも、鶏糞は野菜の肥料として農家に売れた」

「ところが、松戸は住宅地になって、ニワトリや牛を飼うところではなくなった。外国産の安い肥料が出回り、鶏糞も使われなくなった」

「わが家は駅前の踏み切りに近く、自動車の排気ガスが持病のぜんそくによくないと思った。いろいろ考えると、滝のそばに住む方が楽なんだよ」

当時、父は70歳ぐらいでした。兄が家業を継いでくれて安心したことも、養老渓谷に移り住む決断を後押ししたのでしょう。

「外国産の農産物が日本にどんどん入るようになれば、養鶏も難しい時代が来る。養鶏よりも人間相手の旅館業の時代になるよ」。父はお茶を一口すると、私が夢見る旅館業への見通しを話しました。

父は、「滝のあるところに住みなさい」と言われた宗教家の教えに深い影響を受けたことも話してくれました。人生や平和について語る父の言葉は知らず知らずのうちに私の心にしみ込んでいったようです。

私も70歳を過ぎ、わが子に滝見苑グループの経営を引き継ぎ、あの頃の父と似たような境遇になりました。

25年ほど前に父が亡くなった時、旅館経営の夢を父に打ち明けた時の思い出が真っ先に思い出されました。

5　養老渓谷で暮らす（2017・9・25）

昭和30年代の日本の高度経済成長が続いている頃でした。

チベットの方たちには大変失礼な話ですが、開発が盛んだったその頃、開発から取り残された地域を「〇〇のチベット」などと呼んだものです。養老渓谷もしばしばそういう言い方をされていました。

私は、高校生の頃から粟又の滝のそばに住んでいた父のところに泊りにきては、その度に父から「おまえもいずれこの滝のそばに住みなさい」と言われていました。

でも、若かった私は「だれも来ない辺鄙な滝のそばに、いったい何があるのか？」と父の言葉に疑問を感じていました。

ただ、「父も一人暮らしは大変だろう」との思いもあり、24歳の時、父のもとで一緒に暮らすようになりました。

こんな山奥での暮らしは初めてで、自然の恵みがあるのに気づくのはまだ先のことでした。

地元のおばさんや子どもたちは私のことが珍しかったようです。

出会う人が皆、挨拶をしてくれました。都会ではだれもが知らんぷりをするのに、ここでは皆がニコニコして挨拶しています。私もつられてにこやかに挨拶を返していました。

「いい案配だね」

畑仕事を終えたお婆さんが背負子《しょいこ》を担ぎ、頭に手ぬぐいを被って私に声をかけました。

「おばさん、これからは私が父と一緒に住みますから」と私が言うと、おばさんは「そうかい、そうかい。ここはいいところだよ。そうだ。今、畑で大根とってきたから1本あげるよ」と言って、大きな大根をくれました。

私は服部栄養専門学校を卒業後、東京、大阪で料理の修業をしてきました。

でも、おばさんには、大根をもらって困った顔をしているように見えたのでしょう。

「この大根は、葉はみそ汁、白いところは大根おろしにするといい。煮てもいいし、何でもおいしいよ」と教えてくれました。

「母ちゃんはいるのかい？」と尋ねられました。母は、私が中学校に入ると入院し、高校生の時に亡くなりました。私が「いいえ」と言うと、おばさんは「そうかい、そうかい。また何か、持ってきてあげるから」と言うのです。

初めて会ったばかりなのに、こんなにも親切なのか、とびっくりしました。

翌朝早く、「おはよう、おはよう」と家の外から声が聞こえました。寝ぼけまなこで戸を開けると、昨日のおばさんがいて、白い袋を持ってきてくれました。

袋の中をのぞくと、たくあんが1本。おばさんが「朝ご飯に」と言うので、昨日、買ってきたサバの缶詰をお返しにあげました。

おばさんは「昨日の大根とサバの缶詰を一緒に煮るとおいしいんだよ。ありがとうね」と言って、そのまま畑仕事にでかけていきました。

都会で失われたものがここにはあります。私が朝飯の支度をしていると、父が新聞を読みながら、「この辺の人たちは親切で心が優しい」と独り言のようにぽつりと話すのでした。

家は滝のそばにありました。清流が白い糸を引きながら音を立てて、滝つぼに落ちていきます。滝つぼは広く、夏になるとアユを釣ったり、投網や川の中を潜って魚をとったりするのが、あの頃の遊びでした。

その頃は滝つぼに通じる道がなく、滝つぼへは田んぼのあぜ道を下りていきました。訪れる人は少なく、夏の間はわずかな人がバーベキューに来るくらいでした。かき氷や川の水で冷やしたコーラを売ると、意外と売れて小遣い稼ぎになりました。

夏が終わると、客はさらにまばらになります。私はコーラの瓶を川に浸し、「100円」と書いた箱を置いて、勝手に飲んでもらうようにしました。日に何本かは売れたのですが、箱の中のお金がなくなることがあり、毎日、お金をとりにいくようにしました。

そんな私に縁談があり、妻と結婚することになりました。

私は妻という協力者を得て、滝の近くで蕎麦店を経営することになりました。蕎麦のほかにウナギやコイなどの川魚料理を出す店でした。店の名前は、粟又の滝のそばにあるから「滝見苑」と付けました。滝見苑の名前はその後、旅館に受け継がれ、グループの名前になりました。

店の名前について、こんな笑い話もありました。

お客様から「滝見苑だと、『滝、見えん』じゃないか」と言われたのです。

「ですから、正直に名前を付けました。何かおかしいですか?」

私がすました顔で答えたので、大笑いになりました。ありがたいことに、そういうお客様がリピーターになってくださるのです。

こんな苦労もありました。大雨が降ると、池の水が増えて、飼っていたウナギやコイが飛び出してしまうのです。早くしないと、猫がくわえていってしまいます。このため池の周りに網を張って、魚が逃げないようにしました。

ウナギには本当に手を焼きました。調理場の簀子《すのこ》の下に逃げ込まれた時は、ひと騒動です。体がぬるぬるするのでなかなか捕まえられません。めったに見られないおかしな恰好になるので、傍から見ればドジョウすくいでも踊っているように見えたことでしょう。ようやく捕まえた時には、泥やほこりにまみれていました。

こうした若い頃の経験を思い出していたら、腹の底から笑いがこみあげてきて、一人でくすくすと笑ってしまいました。

父はなぜこんな山奥に住んでいるのか。すぐ目の前に滝つぼがあるようなところで、毎日が静かに過ぎていくだけではないか。父と一緒に暮らすようになっても、初めの頃はそう思っていました。

しかし、ここには人びとの温かい心があり、豊かな自然があります。

父がここを気に入っているわけが、私にも少しずつわかるような気がしました。

6 生きがいを求めて(2022・2・16)

父が粟又の滝のそばに住むようになったのは、若い頃、著名な宗教家から「滝のあるところに住みなさい」と教えを受けた影響が大きいようです。

自ら探して見つけたのが、養老渓谷にあるこの滝だったのです。

今では観光名所として知られる滝ですが、養老渓谷の滝と聞くと、その頃の人は有名な居酒屋チェーン店の名前の方を思い浮かべたものです。

「おまえもここに来て住め」という父の言葉もあり、深く考えないまま、父の家に転がり込みました。

車社会が発達する前の時代でした。粟又付近は砂利道ばかりで、路線バスは日に1、2回しか来なかったと記憶します。

決まった仕事がなかった私は、滝に来て遊ぶ子どもたちと親しくなりました。

ある時、子どもたちから、「麻綿原《まめんばら》のアジサイがきれいだよ。行ってみようよ」と誘われました。アジサイがたくさん咲くお寺があると言うのです。きれいな景色が見られるのなら、と私も行くことにしました。

粟又の南にある麻綿原高原へは、昔の人が利用した「背道」と呼ばれていた山道を歩きました。片道10キロほど、2時間あまりかかったでしょうか。

途中、大竜《おおたつ》、小竜《こたつ》、千畳敷岩と呼ばれる岩の景観を眺め、ひと汗かいたところで、見晴らしのよい場所で休憩をとりました。

南房総ゆかりの歴史上の人物といえば、日蓮聖人です。山道をめぐった日蓮聖人もきっとこの辺りでひと休みしたに違いない。

そんな想像をしながら、お弁当のおにぎりをほおばりました。みんなで分け合ったたくあんの味が懐かしく感じられます。

そよ風に吹かれて元気を取り戻した私たちは、残る道のりを歩き通しました。斜面を埋め尽くして咲くアジサイの花を見た途端、疲れのことなどすっかり忘れてしまいました。

麻綿原が気に入った私は、その後も一人で訪れ、アジサイを育てている妙法生寺の御前様にお会いするようになりました。

御前様は、「麻綿原の頂上からは富士山がよく見えます」とおっしゃって、昔の話や富士山のことを話してくれました。

南房総には古くから潮流に乗って多くの人が流れ着いたといわれます。歩いて故郷に戻る昔の人は、山頂から富士山を眺めることで、これから進む方向を確かめたそうです。

私も麻綿原高原の頂上から富士山を臨むと、晴れ晴れとした気持ちになりました。現代人にとって富士山は心の道しるべなのです。

ご高齢の御前様でしたが、私のような若僧の言葉にきちんと耳を傾け、疑問にも答えてくれました。それがとてもありがたく感じられ、私は御前様を訪ねるようになったのです。

私が住む粟又も不便でしたが、さらに山奥にある麻綿原はもっと不便でした。電気も水道もなく、水は沢に下りて汲んでこなければなりません。

滝のそばで生きる意味を見つけられずにいた私は、「御前様はどうしてこんな辺鄙な土地で生きていけるのか」といつか尋ねてみようと思うようになりました。

ある日、お寺を訪ねると、御前様はいつものようにお堂にいて、大きな声でお題目を唱えていました。

お堂から出てこられた御前様に、私は「お坊様は、いつも山全体に聞こえるほどの大きな声でお題目を唱えていますが、何をお祈りしているのですか?」と思い切って尋ねました。

御前様は立ち止まると、私の目を見て、「麻綿原は日蓮聖人ゆかりの土地です。山が険しくて廃寺となっていた寺を私が復興し、アジサイを植えながらお守りしてきました。世界中の人びとが幸せになりますようにと毎日、日蓮聖人と一緒になってお祈りしているのです」と話されたのです。

その言葉が私の胸にストンと落ちました。

日蓮聖人と共に世界の人びとの幸福を祈ることに、御前様は生きがいを感じておられるのでしょう。生きがいを感じるから、こんな厳しい環境にも負けず、自分の道をしっかり歩めるのだと思ったのです。

深い心の霧が晴れていくような感じでした。

生きがいは待つのではなく、自ら動いてつかむものなのです。私は心の底からそう思うようになりました。


それでは、私の生きがいとは何なのでしょう？　どんな生きがいを持てば、辺鄙な滝のそばでも充実して生きられるのでしょうか？

生きがいはすぐには見つかりません。

しかし、麻綿原の自然の中で生きる御前様を見ていたら、私の生きがいも養老渓谷の自然の中にあるように思えたのです。

私は自ら自然の中に分け入り、素直な気持ちで自然を眺めようと努めました。

すると、それまでは当たり前だと思っていた養老渓谷の自然が、より愛おしく感じられるようになったのです。自然を思う気持ちは、自然に触れるほど強くなり、人間も自然の一部であって、自然と共に生きていることに気づきました。

こうした経験を重ねる中で、私が生きがいとすべきは、生き物たちと共に自然を守ることと、観光によって自然の魅力を多くの人に知ってもらい、地域に貢献することではないか、と思うようになったのです。お金のない私が手掛けたのが、山にあるモミジの苗木を滝の周りなどに植えることでした。

モミジの成長はゆっくりで、一人の人間がやれることはたかが知れています。「モミジなんか植えても旅館経営の役には立たない」。そんな声も私の耳に入ってきます。それでも私は、モミジが紅葉する景色を心に描きながら、苗木をひたすら植え続けました。気がついたら、モミジの苗木を植えることが生きがいになっていったのです。

生きがいとは、自分から動いてつかむもの。何が生きがいかと頭で考えても答えは見つかりません。まずは自分で良いと思ったことを一生懸命やり続けてください。そうした経験の中から、これが生きがいと思うものが見えてくるのです。

年の功というのでしょうか。生きがいについて、私もようやく自分の考えを語れるようになってきました。経験を通して思うのは、私もそうだったように、多くの若者が生きがいを感じられなくて悩んでいることです。生きがいの見つけ方はいろいろあると思いますが、私は心の支えとなってくれる人の存在が大きいと思うのです。

私の場合は、麻綿原の御前様との出会いが大きかったと思います。その生き方や言葉が胸にずしりと響きました。御前様のことを意識するうちに生きがいの大切さに気づき、人生をより深く考えるようになったのです。


70歳の手前の頃でした。私は従業員から相談を受けました。

「勤め先があり、毎日、働けるのはありがたいのですが、このままずっとここで働いていたら、自分の生きがいが見つからないと思うのです」

従業員の言葉を聞いて、はっとしました。

「お客様は風呂や食事を楽しむと、自分の家に帰っていきます。お客様には自分の世界があるように見えるのに、私の生活は、会社に決められた道を毎日歩むものとしか思えない」と言うのです。

相談を受けながら、生きがいが見つからずに悩んでいた若い頃の自分を思い出していました。

私の場合は、幸いなことに人生経験が豊かな御前様との出会いがきっかけとなり、その後、生きがいを見つけることができました。

心の師と呼べる人や心の支えとなる人との出会いが、人生を大きく左右するのだとつくづく思います。

生きがいが見つからず、悩んでいる若い人はたくさんいます。生きがいが見つかるように若い人を支えるのが、私たち古い世代の務めではないでしょうか。

従業員が生きがいを感じる会社であれば、コロナ禍のような逆境にも従業員が一丸となって立ち向かえると思うのです。

私にはまだまだやるべきことがあります。

美しい地球を未来に伝えるためには、未来を担う若い人たちに頑張ってもらわなければなりません。若い人が生きがいを感じる社会を目指して、老兵である私も生きがいを感じながら生きようと思うのです。

7　ウグイスの父さん（2017・5・30）

2017年5月のことです。森林文化協会の方が知り合いの方と一緒に、わざわざ東京から私の山や畑を見学に来られたので、それらを見るついでに日帰り温泉の「ごりやくの湯」や「もちの木」の旅館などを案内しました。

「金神《こんじん》の滝とは、どんな滝なのですか?」

「ごりやくの湯」から川沿いを歩いて滝のそばに来た時、こんな質問をいただきました。

私は金神の滝の名前の由来などを説明した後で、「粟又の滝のそばに住んで50年近く経って、自分が自然の中で生かされていることを知ったんですよ」と話しました。

「えっ？」

きょとんとするお二人に向かって、さらに続けました。

「私たちは太陽や水や土の恵みによって生きています。生きているから、苦しみや楽しみも生まれます。人は地球という手のひらの上で生かされている。つまり自然の中で生かされているのです。私はそのことにやっと気がついたのです」

「自然とは奥が深いものです。だから、大切に保護しなければなりません。自然が未来に向かって、いつまでも続くためにはどうしたらよいかと考え、子どもたちに教えることが大事だと思うのですよ」

こんなことをしゃべり出すと、相手の方は黙ってしまい、いつも私の独演会になってしまうのです。今日来た方たちは森に関心がおありのようだけど、少しはわかってくれただろうか。

自然に生かされていることを、私は身近な生き物たちから教わりました。話すことができないと思っていた生き物たちが、実はいろいろと教えてくれるのです。

山奥に住んでいると、毎日のように小鳥の鳴き声が聞こえてきます。

「ホー、ホケキョ」

その声が聞こえても、これまでだったら気にも留めず、「ウグイスが鳴いているなあ」と思うぐらいで聞き流していました。

ある雨降りの日のこと。羽がぬれて気の毒にと思いながら、ウグイスの声を聞いていたら、こんな風に聞こえたのです。

「母さんは巣の中で卵を温めています。子どもがそろそろ生まれるのかな？」

声の主は父さんウグイスらしく、私にそう話しかけてくるのです。

数日後、ウグイスの一家に元気な子どもたちが生まれたようです。

父さんウグイスは私の近くまで来て、「母さんから『虫をたくさんとってきてくださいね』と頼まれたんだ」と言ったかと思うと、うれしそうに森の奥へ入っていきました。

天気が崩れそうな時には、「強風や大雨で巣が壊されるといけないから、注意をしないと」と母さんウグイスや子どもたちのことを心配していました。

オスのウグイスは子育てをしないと聞いたことがあります。私に話しかけてきた父さんウグイスが実際に子育てをしているのか、確かめたわけではありません。しかし、ウグイスの声に耳を澄ましていると、鳴き声が微妙に違って聞こえるのです。

山奥にはウグイス以外にもたくさんの小鳥がいて、私にいろいろ話しかけてきます。外国語と同じで、多少の聞き違いはあまり気にしないこと。大切なのはハートなのです。話しかけてくる小鳥の声を聞くだけで、何だか幸せな気持ちになるのです。

山奥にある旅館を経営して50年近く経ちました。子どもらが跡を継いでくれて、気持ちに余裕が生まれたのでしょう。農業などを通じて生き物たちと触れ合う時間が増え、自然の状態や生き物たちの気持ちが前よりもわかってきたようです。

地球環境の危機が声高に叫ばれています。あらゆる人が協力して豊かな自然を守らなければなりません。山奥で暮らす私は健やかな森をつくり、育てようと思います。

健全な森があるから、さまざまな生き物が生きている。森が破壊されたら、永い時間をかけてできてきた自然のシステムに狂いが生じることでしょう。

山奥の旅館のおやじが気づいたことを、どんどん実行に移そうと思います。

8 ペットと一緒に（2017・10・1）

2017年8月下旬、漫画家の先生と奥様が愛犬を連れてこちらに来られました。旅行雑誌から、ペットと一緒に養老渓谷を散策するという企画を頼まれ、その取材に来られたのです。粟又の滝やごりやくの湯、金神の滝を、ペットを連れて歩いたらどうなるのか、先生に漫画で描いてもらおうというのです。旅行雑誌の方も同行されました。

旅行雑誌の方の話では、最近はペットを飼う人が増えて、愛犬を連れて散歩に行くと、同じように散歩をしている愛犬家の人たちと出会います。皆さん、気が合うので愛犬のことを話題に1時間ぐらいおしゃべりすることもあるそうです。

こんな話もうかがいました。近頃の若い人たちの間では、普段は車を持たず、必要な時にレンタカーを借りるという人が増えていると言います。ところが、ペットを飼うと、でかける時も一緒にいたいので、マイカーを購入することになるそうです。

ご承知のように国内では乗用車の売れ行きが伸びず、激しい販売合戦が繰り広げられています。こうしたペット事情を見込んで、自動車メーカーは新車販売のサービスとして車に載せられるペットの檻などを用意しているということです。

昔は家畜以外の動物を飼うと言えば、この辺りでは農家が用心で犬を飼ったり、ネズミ対策で猫を飼ったりするぐらいでした。

しかし、今のペットは人の心を癒してくれる家族の一員であり、大切なパートナーなのです。こうした時代の変化は、他人事ではありません。こんな山奥にも新しい時代の波は確実にやってきているのです。ペットと一緒に泊まれる旅館も増え、旅行のスタイルも一段と変化していくのでしょう。ペット旅館とか、ペット料理とか、いろいろなアイデアを盛り込まなければ生き残れない、難しい時代になってきたようです。滝見山人も、さすがにうかうかしてはいられません。

野菜づくりを始めた頃、私は野生動物を「敵」のように思っていました。野菜をサルなどから守るため、かつては犬に追いかけさせていたのが、その後、畑を荒らす動物が増えたので、電気柵で囲ったり網を張ったり対策を強化しました。

中でも、外来種のアライグマには手を焼いています。土を掘って中に入ってきては、芽が出た野菜を掘り起こし、なったばかりのトマトやキュウリを食べてしまうのです。

でも、動物たちは生きるのに必死で、毎日、餌を探し回っているだけなのです。自然のありがたさや自然界における動物の役割などを知るうちに、野生動物に対する見方も少しずつ変わっていきました。

家族の一員としてかわいがられるペットもいれば、「害獣」と呼ばれて駆除される動物もいます。人間と動物の関係はなかなか複雑です。いずれにしても動物のことを人間の都合だけで考えるのはやめるべきだと思うのです。

9　ナッちゃんとコンニャク作り（２０１７・12・７）

２０１７年も10月下旬になりました。今日も雨がよく降っています。天気予報によると、南の方から台風が近づいてきました。この台風が通り過ぎれば、秋から冬へと季節の歯車が回り出します。

私のところでは、山人畑で育てたコンニャク芋を使って、冬が旬のコンニャクを手作りしています。作り方はこうです。

まず、約６キロのコンニャク芋の皮をむきます。３キロずつに分け、ミキサーで砕いてよく混ぜます。細かくなった芋に湯を注ぎ、再びミキサーにかけ、大鍋に流し込むと、２、３分で固まります。

炭酸ナトリウムを水に溶かして入れ、器で冷ますと形ができてきます。冷めたら、今度は火にかけて30分ほど煮ます。最初はやわらかかったのが、煮ているうちに固まってきてコンニャクになります。

コンニャクの大きさに多少ばらつきがありますが、刺し身コンニャクのように酢みそで食べると、これがなかなかうまいのです。滝見苑グループの「滝見苑」「もちの木」「ごりやくの湯」では、コンニャクをいろいろな料理にしてお客様に食べていただいていますが、手作りの素朴な味が好評です。

コンニャク芋の栽培は、去年から始めましたが、1年目は大失敗でした。野菜づくりは、栄養豊かな土づくりが基本です。コンニャク芋も同じだと思っていたのですが違いました。

コンニャク芋の成長によいと思い、モミジの落ち葉を混ぜた肥料を多めにやりました。ところが、初めは元気がよかったのですが、1週間ほどで全部枯れてしまいました。

コンニャク芋のことを、昔の人は「運玉」と呼んだといいます。運がよければ大きなコンニャク玉ができるが、運が悪いと病気にかかって全滅してしまうというのです。

悪い方の運が出たようです。失敗にがっかりした私は、枯れたコンニャク芋をそのまま放っておきました。

翌年の春、畑の様子を見ると、黒々とした土に何やら芽が出ています。一瞬、目を疑いました。全滅したコンニャク芋が蘇ったのです。

去年の反省から、今年は肥料をやらなかったら、すくすく成長して葉が生えてきました。コンニャク芋の葉は苦いのか、シカやイノシシも食べに来ません。放っておいても病気にならず、手ごろな大きさの芋がいっぱいとれました。

厳しい環境を好むコンニャク芋のたくましさには恐れ入りました。

高校生のアルバイトを使って、コンニャクをつくることになりました。前にも少し手伝ってもらったことのある女の子です。

ナッちゃんは体が大きくて、ちょっと男の子っぽい感じがします。素手のままで、せっせとコンニャク芋の皮をむいていきます。手がかぶれてはいけないので手袋を渡したのですが、面倒なのか使いません。

コツを教えると、すぐに理解し、「私がやりますから」と言うのです。気が利いて、小まめに掃除もしてくれます。てきぱきした仕事ぶり。発散する若さをうらやましく思いました。人に頼らず、ひた向きに仕事をしてくれました。将来、自分で会社を経営すれば、立派な社長になるでしょう。

近頃は自立した女性も増えてきました。それが当たり前のことになれば、面白い世の中になると思います。

高校を卒業したら看護師の学校に行くのが目標で、そのために勉強をしているのだと言います。

「どうして看護師になりたいの？」

私の質問に「小さい頃から動物の世話をするのが好きでした。大人になったら人を助ける仕事がしたくて」とはきはき答えます。

「大学に行けば」と勧めると、「これ以上、親を心配させたくないんです」と話してくれました。自分が置かれた状況を踏まえ、将来のことや、今何をすべきかを考えているのです。若くてもしっかりしていると感心しました。

夢や希望を大きく持つことは大切です。若いうちは特にそうあるべきだと思います。しかし、現実はそんなに甘くありません。向こう見ずな挑戦は、自分だけでなく周りの人たちも危うくしかねません。

本気で夢を追い求める人とは、あふれる情熱に加え、獲物を仕留める猟師のような目で現実を見つめる人なのでしょう。

自分の置かれた立場をわきまえ、足元を固めてから一歩ずつ進むことが大切であることを、高校生の女の子が私に教えてくれました。ナッちゃんと一緒につくった手作りコンニャクは歯ごたえがよくて、かむと口の中にじわーっと味が広がっていきました。

10　山の道路は共同使用（2018・3・4）

2017年もクリスマスが終わり、忘年会シーズンもお開きが近づいてきました。

年末のある日、房総地方で旅館を経営する気の合う面々が集まって、年納めのゴルフコンペを開きました。

キャディーさんが1組ごとに付いてくれたおかげで、みんなに気をつかわずにプレーすることができました。キャディーさんたちのマナーも気持ちよく、1年最後のコンペを存分に楽しみました。

その後の宴会は、毎年恒例のホテルで催しました。おいしい料理をみんながほめると、社長もニコニコうれしそうな顔になりました。本当に楽しい一夜でした。

私はお酒を飲まずに、車を運転して夜道を自宅へと向かいました。

途中でのことです。山奥の道を走っていたら、突然、暗闇の中から1頭のオスのシカが車の前に現れました。

私はブレーキを踏み込むと、タイヤが少しきしむような感じがして、車はシカの手前で止まりました。

一瞬、シカと目が合いました。

こちらが血気盛んな若者だったら、「気をつけろ！」と怒鳴りつけていたかもしれません。

ところが、シカは逃げるどころか、車の前をのそのそと横切っていきます。まるで何事もなかったかのようです。

道を渡り終えると、シカはそのまま暗い森の中に消えていきました。

「この道はもともと俺たちの道だった。人間だけの道じゃない」

そんな声が聞こえてきたような気がしました。

シカとの出来事があったので、慎重に車を運転しました。

しばらくしたら、また野生動物が出てきました。今度はハクビシンでした。鼻に白い筋が通っていて、体つきはタヌキをちょっとスマートにした感じでしょうか。

車が近づいているのに、ハクビシンにあわてる様子はありません。今度は運転している私にも余裕があり、手前で速度を落としました。

ハクビシンが道路を渡り終えると、こんな風に思えたのです。

山の中は、かつては動物優先の場所でした。そこに人間が後から道路をつくったのです。それが人間優先で動物たちを締め出すものだとしたら、動物たちがあまりにも気の毒です。動物たちはのんびり夜の散歩を楽しんでいるだけなのです。

ここはこう考えてはいかがでしょうか。山の道路は、動物も人間も仲良く使用するのが一番です。

山道のドライブを終えて、自宅に到着すると、時計の針はだいぶ進んでいました。その夜はナイスショットの感触を思い起こしながら、心地よく眠りにつきました。

11　真のおもてなしとは（2018・10・26）

子どもの頃の話です。

春、水がぬるむと、待ちわびていたように玉網とバケツを持って田んぼにでかけました。小魚やザリガニをとり、泥まみれになっては、家に帰って母によく叱られたものです。

水たまりにはザリガニが穴を掘って潜んでいました。裸足になって泥につかり、穴に手を突っ込みます。握った手の中でザリガニが必死にもがいています。時々、指を挟まれて痛い思いもしますが、バケツはザリガニでいっぱいになりました。

指を挟まれた痛さで顔をしかめていると、バケツの中のザリガニが「どうだい。俺のハサミの威力は」と言わんばかりに私に向かってハサミを大きく広げて見せました。

「何、生意気な」

私はザリガニの目の前に人さし指を突き出して、からかってやりました。怒ったザリガニは大きなハサミを精いっぱい広げて私を威嚇するのでした。

こうしてとったザリガニが、わが家の夕食のおかずになったのです。生きたまま鍋でゆで、醤油をちょっとつけると、エビのような味がします。家族にも喜ばれ、ちょっと鼻が高かったのをよく覚えています。

戦後まもない貧しい時代でしたが、家族の団らんなど子どもの頃の懐かしい思い出がいっぱい詰まっています。

そんな泥んこ小僧も今では旅館「滝見苑」、渓谷別庭「もちの木」、日帰り温泉「ごりやくの湯」、勝浦のパークゴルフ場などを抱える滝見苑グループを束ねるようになりました。

ふり返れば、これまでは苦労の連続でした。

しかし、苦労するからと、いちいち立ち止まってはいられません。がむしゃらに走り続け、気がついたら、いつの間にか72歳になろうとしていたのです。

ある時、お客様から「こちらの温泉は体がよく温まるし、食事もおいしいですね」と直接、おほめの言葉をいただきました。

何度聞いてもありがたい言葉です。お客様のそうした言葉を聞くと、いつも満ち足りた気持ちになります。今後の参考にしようと思い、その理由を自分で考えてみました。

温泉は自然の恵みです。健康によいという温泉の効能は、自然に感謝しなければならないでしょう。

食事のよさは、料理人の腕と食材で決まります。料理はうちの自慢であり、料理人の腕前はよその旅館には負けません。

食材の決め手は、品質と鮮度です。うちの料理は地元房総の食材、とりわけ地元産の野菜を多く使っていることが、お客様の評価につながっていることに気がつきました。それがきっかけとなって、おいしくて、体にもよい理想の野菜をつくろうという意欲が、私の心に沸々と湧いてきたのです。

私が野菜をつくっている山人畑は、山奥の車がめったに通らない長いトンネルの手前にあります。標高は250メートルほどでしょうか。

山頂からの絞り水は山人畑の脇を通って小川へと流れ込みます。小川の近くには数軒の家があり、お年寄りたちが暮らしています。

お年寄りたちの言葉は、生活の知恵にあふれています。

私は若い頃からお年寄りからいろいろなことを教わってきました。カメが「万年長寿の生き物」と言われ、長生きをする不思議な力を持っていることもお年寄りから聞きました。

その言葉を参考にして、私はカメの仲間のスッポンの力を利用して体によい野菜をつくることにしました。

かく言う私もすでにお年寄りの仲間入りをしています。畑の隅に水をためてつくったスッポン用の池は、「みんな長生きしますように」との願いを込めて、「万年池」と呼ぶことにしました。

これからの日本は、どんな社会になるのでしょうか。

人の暮らしは豊かになり、世の中は便利になりましたが、大半の地域で人口は減り、お年寄りの人口割合が増え、高齢化社会が進んでいます。山奥の養老渓谷で暮らしていても、そうなっていくのを実感します。

そういう時代に旅館に求められるものとは何でしょうか。

私は「真のおもてなし」だと思います。

お客様のへの細やかな気づかいがますます必要になります。お客様が健康で長生きできるように、真のおもてなしを提供しなければなりません。

食事でいえば、おいしさを追求すると共に、お客様の健康にもっと気を配ることです。そのような実践を通して、地域の食文化の発展に貢献することも求められます。

これからの旅館経営者は、そういうことを考えなければならないと思うのです。

※約4ヘクタールある勝浦のパークゴルフ場はその後、営業をやめ、2020年からグランピング場になっています。

12　私の教育論　母さんイノシシの教え（2019・4・10）

野菜を表に一晩置いておいたらどうなるのか。

この辺りにいる動物たちの行動を調べようと思い、カボチャをいくつか山人小屋の外に置いたまま家に帰りました。翌朝、来てみると、カボチャの身はきれいになくなり、種だけが散らかっていました。

動物の足跡が地面のあちこちに残っています。大きいのもあれば小さいのもある。足の形からすると、子連れのイノシシの足跡のようです。

ふと母さんイノシシが、子どものイノシシに話しかけている様子が頭の中に浮かんできました。

「いいかい。カボチャはね、種は食べずに残しておくんだよ。そうすれば、人間は来年もカボチャを育てるでしょう?」

母さんの教えに、子どものイノシシが大きくうなずきました。

「そうだね、お母さん。種を残しておけば、来年もおいしいカボチャを食べられそうだね。人間って、意外と優しいんだね」

子どもは元気な男の子のようです。イノシシの男の子がうれしそうにそう言うと、母さんは突然、血相を変えて男の子の言葉を打ち消しました。

「だめ、だめ。人間を信じてはだめ」

「たまにはいいこともするけれど、人間には気をつけなくてはいけないよ」

「人間はワナを仕掛けるからね。私たちイノシシがどんなにひどい目にあってきたかを、決して忘れてはいけないよ」

母さんイノシシは、きょうだいや仲間のイノシシたちを人間のワナのために亡くしていたのです。

思いもよらない母さんの剣幕に、男の子は目をまん丸にして驚くのでした。

しかし、母さんが必死に教えたことで、「人間を信じてはいけない」という母さんの思いが幼い男の子の心にしっかり刻まれたのです。


酪農などを経営した父は、苦労しながら身につけた経営術を、自分が元気なうちに年の離れた私に教えたかったのだと思います。

その後も世間の荒波にもまれるわが子を見ていたら、父親として手を差しのべたくなったこともあったでしょう。

しかし、旅館経営を目指してからは、私は「父を頼ってはだめだ」と自分に言い聞かせてきました。

70歳を超え、父のことを思い返すことが多くなりました。「子どもたちに大切なことを教えたい」という親心が、ようやくわかってきたような気がします。

親はわが子がかわいい。かわいいから、大切だと思うことをわが子に教えたい。

子どもの成長を願う気持ちは、人間にも野生動物にもあるのでしょう。

母さんイノシシは、大切に思うイノシシの男の子に早く一人前になってもらいたくて、生きるための知恵を男の子に厳しく教えたのです。

先日、ある大学の先生と話していたら、先生が「学生から『私は大学を卒業したら何をすればいいんですか？』と尋ねられるんですよ」とこぼしていました。入学試験に合格する学力はあっても、自分の生き方を決められない学生が増えているというのです。

一流大学を出たからといって、それで人生が決まるわけではありません。社会が求めているのは勉強の成績などではなく、その子が生きる知恵を身につけているかどうかです。

学校教育は子どもに勉強を教えられても、それぞれの子どもに社会で生きる知恵を教えることまでは手が回りません。

最近は両親が共働きで忙しくて、子育ての時間を見つけるのに苦労されているようです。でも、触れ合う時間は短くても、その気持ちがあれば、親は子どもに大切なことを伝えられると思います。

子どもの頃、私の両親は家族を養うのに必死で、子どもたちとゆっくり関わる余裕などありませんでした。

懸命に働く両親を見ていたら、自然と自分も家族の役に立とうと思い、家の仕事を手伝うようになりました。

助け合うこと、自ら進んで仕事をすること。子どもの頃に身についたこうした生きる知恵が、私の人生を支えてくれました。

私は親の背中を見て育ったのです。私も親になったら自分の背中を子どもに見せなければならないと思うようになりました。

私には、３人の息子、娘がいます。皆、立派に成長してくれました。

わが子の子育てについては、妻にはまったく頭が上がりません。

しかし、子どもに自分の背中を見せようと思ったことが、私に父親としての自覚を促し、私を成長させたことはまちがいありません。

子育ては、子どもだけでなく、私のような親も成長させるのです。

厳しい自然の中で懸命に子育てをする母さんイノシシから、私は多くのことを学んだようです。

子連れ猪　道端で
ヨチヨチ　ウリ坊　ミミズ掘る

13　ばっちゃんと里山の知恵（2021・11・19）

２０２１年10月1日のことです。台風16号が東日本に接近していました。房総半島が暴風雨に見舞われる恐れが大きい、と朝からテレビの天気予報が注意を呼びかけていました。地球温暖化の影響もあるのか、近頃は房総半島でも大型台風や集中豪雨の被害に遭うことが増えてきました。油断は禁物です。

台風が近づく前の静かな畑でサツマイモを収穫しました。ばっちゃん、宮ちゃん、私ら数人のいつものメンバーで、気持ちのよい汗をかきました。

畑をおおっているつるを刈ると、サツマイモの株が地面から顔をのぞかせていました。よさそうな株を選んで、鍬やスコップで「えいっ」と掘り起こすと、黒い土の中から赤い芋が出てきます。一つの株に立派な芋が三つから五つぐらいなっていました。

鍬の扱い方が未熟な私は、鍬の歯を芋に当ててしまい、たくさんの芋が途中で切れてしまいました。

すると、ばっちゃんが「あれまぁ、また切っちゃった。これじゃ、売り物にならないね」とあきれた顔で言うのでした。

ばっちゃんの薫陶のおかげで、その後、私の芋掘りの腕が上がったことを、念のためここに書きとどめておきます。

掘り出したサツマイモは、宮ちゃんが運んできた箱に詰め込みました。

よく見ると、芋の切り口から白い液がにじみ出ています。この液は衣服につくと、黒い染みになり、洗濯しても落ちません。

栄養価が高い液なのでしょう。コールタールのようにねばねばしていて、時間が経つと固まります。

芋の汁の染みがたくさんついた私の仕事着を見て、ばっちゃんが「そんな染みだらけじゃ、母ちゃんに怒られるわ」とぼそっとつぶやきました。

畑の土を掘ると、白くて細い根が芋の周辺を網の目のように張りめぐらされています。

この根が土に含まれる水分や養分を吸収するのです。これに光合成によってできる養分が加われば、化学肥料を使わなくても、サツマイモは育つのでしょう。

でも、光合成だけで芋は大きくなるのだろうか。

数年前、試しにサツマイモの苗を50本ほど植えたことがありました。

この時は、よく育つようにと化学肥料をやりました。すると、つるはどんどん伸びたのに、芋は小さなものしかできませんでした。

今回は有機農業に徹するため、化学肥料を使わないことにしました。前回の失敗があり、芋が大きくならないのではないかと不安もありました。

しかし、不安は見事に外れ、大きな芋がいっぱいなったのです。一部はサルに食い荒らされましたが、予想を上回る収穫になりそうです。

とりわけ驚いたのは、芋の大きさです。焼き芋屋で食べる芋の数倍はありそうな、1個1キロ以上の大物もありました。

「サツマイモがこんなに大きくなるなんて、知らなかったよ」

ばっちゃんが曲がった腰を伸ばし、目を丸くして話すものだから、私たちもニコニコ笑って喜びました。

いつも口数が少なく、あまり表情を変えない宮ちゃんも一緒に喜んでくれているらしく、うまそうにたばこを吸っていました。

ばっちゃんは30年ほど前はゴルフ場でキャディーをしていました。私ともゴルフ場で会ったのが縁で、滝見苑グループで働いてもらうことになりました。

山奥の里山で生まれ育った人です。私と同年代ですが、私以上に元気があり、よく働きます。

ばっちゃんと一緒に仕事をしていると、昔のことや自然の話に花が咲いて、気がついたら日が暮れようとしていたこともありました。


こんなこともありました。

畑仕事をしていたら、ばっちゃんが「会長、大変だよ」と大きな声で私を呼びました。ばっちゃんが示す方へ行ってみると、サツマイモが食い荒らされていました。かじられた跡から見て、ネズミの仕業でした。

ばっちゃんが「この間、サルにやられたと思ったら、今度はネズミ。たくさんの芋が食べられちゃうよ」と心配しそうに話しました。

畑に小さな穴があることは、私も気づいていました。

でも、モグラの穴だと思っていたのです。モグラなら主にミミズを食べるので、サツマイモの被害はあまりない、と思っていました。

ところが、相手がネズミとなると難敵です。「そう言えば……」と思い当たるふしがありました。

夏の暑かった頃のことです。大きなアオダイショウがサツマイモの葉の陰で悠然としているのを見て、びっくりしました。

さらに驚いたのは、マムシが現れた時のことです。

でも、何よりも驚いたのは、ばっちゃんが鮮やかな鎌さばきでマムシを仕留めたことでした。

昔は毒ヘビのマムシにかまれることは、命に関わる問題でした。ばっちゃんはマムシの退治の仕方を親から教わったのでしょう。

ばっちゃんが、かま首を切り落としたマムシを見せて、私に言いました。

「これ、あげるから、皮をむいて干しておきなよ。少しずつ焼いて食べると、精がつくんだよ」

干したマムシは、貴重な冬のスタミナ源になるのです。

ばっちゃんは親から学んだ里山の知恵を、私にも教えてくれるのです。これもありがたい自然の恵みです。

14　妻への感謝　野菜づくりに秘めた思い（2022・2・1）

最近は結婚するよりも自由な独身生活を楽しむという人も増えているようです。

しかし、私は若かった頃、結婚生活にあこがれていました。

まだ知らない女性と出会って恋愛結婚するのか、それとも見合い相手の女性と結婚するのかなどと、いろいろと想像したものです。

私は、24歳で2歳年下の妻と見合いで結婚しました。栗又の滝のそばで隠居していた父のもとで一緒に暮らすようになってまもない頃でした。

双方の親が進めるという当時はよくある形の結婚でしたが、こんな辺鄙な田舎に本当によく嫁いできてくれたものだと思いました。

　それまでの私は、大阪での料理の修業を終えて、料理の腕も、仕事をしたいという気持ちもあるのに、ここには仕事らしい仕事もありません。そんな消化不良の日々が続いていました。

　家にいることの多かった私は、登下校で家の前を通る際に「こんにちは」と元気な声で挨拶をしてくれる子どもたちと親しくなり、日曜日には一緒に粟又の滝の滝つぼに遊びに行き、魚をとったものです。岩の間にいるウナギを流し針を使って捕まえるやり方なども子どもたちから教わりました。夏休みには毎日のように滝つぼで遊び、子どもたちから「滝の兄ちゃん」と呼ばれていました。


　父のもとでふらふらしていた私でしたが、結婚を機に独立することを決意しました。滝のそばで蕎麦屋を始めようと、父からの支援金を元手に大工さんを頼みました。私は一日も早く開店しようと張り切っていました。

　ところが、大工さんはというと、午前中は父との話に花が咲いて、昼飯を食べてから「さあ仕事だ」という有様でした。本来は農家の人で、広い桑畑を持っていました。畑仕事のない時に大工の仕事をしていたので、ゆったり構えていたのかもしれません。

　しかし、私の方はのんびりしているわけにいきません。自分で屋根に上がって釘打ちをするなど毎日のように大工さんを手伝っていました。

こうして私の家と店を兼ねた建物ができ、夫婦で小さな蕎麦屋を始めました。

春から秋は滝を訪れる観光客相手に商売しましたが、冬場は来る人もなく、開店休業の日もありました。

ただ、それまでは仕事に身が入らないこともあった私に、夫としての自覚が出てきたように思います。


私の経験から言えるのは、当たり前のことかもしれませんが、結婚生活で最も大切なのは夫婦が協力し合うことです。そのためには、夫婦が共通の夢を持つことをお薦めします。夢に向かって夫婦で力を合わせ、困難を乗り越えいくのが、私が目指す夫婦像です。

夫婦のどちらか一人ではできないことでも、夫婦が協力し合えば、多くの夢が叶うでしょう。一人で考えるより二人の方がより良い知恵が生まれるし、常に協力者がいてくれることは心強いものです。

私たちの夫婦は、若い頃から旅館経営という夢を目指してきました。夫婦で夢の話をするのが生きがいになり、二人の力で幾多の困難を乗り越えてきました。

妻には家庭の妻・母の顔があり、旅館の女将の顔があります。大いに助けられたと、私は言葉にならぬほど感謝しています。

しかし、北海道に新婚旅行に行ったほかは、一緒に旅行らしい旅行をしたこともありません。「旅行でも行こうか?」と誘っても、「そんな暇ないでしょ」と断られます。

三人の子育てなど家庭のことでも苦労をかけた妻に、私が協力できたのかというと、ちょっと自信がありません。その点は最近の若い男性の方がよくやっているように思います。

旅館経営に情熱を注いできた私が、数え70歳の古希が近づき、本気で農業をやろうと思ったのは、実は妻の病気がきっかけでした。

妻がリウマチを患って10年ほど経った頃のことです。病院に通っていろいろな治療を試みたのですが、なかなかよくなりません。私と一緒に旅館を育ててきた妻の病気を何としても治してやりたいと思いながら、願いは叶わないままでした。

そんな時、新鮮で安全な野菜をつくって食べれば、妻はきっと元気になると閃いたのです。まさに藁《わら》をもつかむ思いでした。

妻の健康を考えてつくった野菜の食事に徐々に効果が現れ、これなら旅館のお客様をおもてなしできると思い、野菜づくりにのめり込んだのです。

農家育ちの私は子どもの頃、畑仕事を手伝うことはありましたが、本格的な農業をするのは初めてでした。初めは地元のお年寄りらに教わりながらやっていましたが、自然や生き物と深い関係のある農業の魅力に引き込まれ、いつの間にか野菜づくりに夢中になっていたのです。

農業経験のある宮ちゃんやばっちゃんたちの協力にもとても感謝しています。多くの人たちに支えられて、旅館の食事や地元の道の駅などに野菜を出すまでになりました。

わが家の食卓には、山人畑でとれた野菜がたくさん並びます。

健康によいと評判の黒ニンニクもニンニクから自分でつくっています。炊飯ジャーに入れて1週間ほどかけてつくった真っ黒なニンニクを、妻は毎日、1切れずついただいています。やわらかく茹でた大根やホウレン草のおろぬきなどの野菜料理も、妻の食事に欠かせなくなりました。低カロリーで食物繊維が多いなど、健康面の評価が高いコンニャクも手づくりのものです。

いろいろな野菜を育ててきましたが、中でも印象深いのがラッキョウです。

2年前、ラッキョウの苗を畑に植えたら、思っていた以上に大量のラッキョウを収穫しました。妻の食事に出したところ、そのおかげかどうか、リウマチなどの病気が少しずつよくなるように見えたのです。

ラッキョウには優れた生命力があり、病気を治す不思議な力が隠されているのではないか。私の得意の勘がピクッと反応したのです。

ラッキョウのこのパワーはどこから生まれてくるのだろう？　私は土壌から生まれるのではないかと想像します。土の中には無数の微生物がいて、土壌を豊かにし、植物をはじめ多くの生命を育んでいるからです。

山人畑での野菜づくりを通して健康に役立つ微生物を発見し、妻の病気を治す薬を開発するのが私の大きな夢なのです。遠い夢物語かもしれませんが、いつの日か正夢になると期待しているのです。

歩くのも不自由だった妻が、近頃ではゆっくりとですが、散歩をするようになりました。ある日の夕食後、妻が「今日は散歩を4回もしたの」と得意そうに言いました。「ほー、すごいね」。感心する私を、妻がうれしそうに見つめています。

第2章　自然の恵み　農に学ぶ

1　里芋の涙（2017・10・15）

山人畑は海抜250メートルほどの山奥にあります。2016年に清水が湧き出す谷底の7反歩（0・7ヘクタール）ほどの農地を購入。その後、3反歩ほど買い足しました。

この辺りは、かつては棚田のようなのどかな風景が広がる地域でした。しかし、若者たちは都会にあこがれ、出ていきました。農家は数軒ほどに減り、住んでいるのはお年寄りばかりになりました。お年寄りには、体を使う畑仕事は辛いものです。田んぼは使われなくなると、乾いて荒れていきます。カエルはすむ場所を失い、代わってイノシシなどの遊び場になるのです。

私はそんなお年寄りから「農業をやらないか」と勧められ、こうした農地を売ってもらいました。畑仕事の先生もお年寄りでした。長老からは「野菜づくりは土づくりから」と教わりました。野菜の味、とりわけ甘味は畑の土質によって全然違うと言います。

2017年は9月に入っても夏の暑さが続き、山人畑の野菜も順調に成長しています。里芋もよく育って、私の背丈ほどの高さになり、私の顔が二つ入るほどの大きな葉が畑いっぱいに広がっています。収穫が今から楽しみです。

8月に種をまいた大根やキュウリ、マクワウリの新芽が育ってきました。

しかし、どこからか飛んできた虫たちが寄ってたかって食べるので、大根の葉は穴だらけです。虫を捕まえようとすると、さっと逃げて、他の葉の陰に隠れてしまいます。運の悪い虫は私の手の中で押しつぶされるのですが、残念ながらめったには捕まらないのです。

キュウリよりもマクワウリの葉の方が虫にはおいしいらしく、虫たちは好んでマクワウリの方に集まり、葉を食べています。そのまま放置していたら新芽が全部やられてしまいそうです。あまりにひどければ、無農薬と言っていられなくなります。でも、そこはぎりぎりまで我慢しなければなりません。

日差しがよく当たる場所の野菜は成長も早いと感じます。虫たちは成長の早いキュウリの葉などはあまり食べません。

私の推測ですが、成長の早い野菜の中に虫が嫌う何かができて、虫に対する抵抗力がつくような気がします。成長が早くて虫にも強い野菜をつくるには、畑の土づくりから研究する必要がありそうです。

日々、野菜を観察していると、野菜の気持ちが段々とわかるような気がしてきます。野菜の葉が黄色くなるのは、「肥料が足りない」と言っているのです。トマトやキュウリなどの根元に追肥をすると、2、3日後には葉が青黒くなり、たくましさを感じるようになります。ただし、肥料を多くやると、虫が増えて野菜の葉などを食い荒らすので注意が必要です。動きの遅いチョウやガの幼虫は葉の裏に隠れて葉を食べるので、気がついたら1日で大穴を開けられていたということもあります。

幼虫はやがて成虫になり、葉に卵を産み付けます。放っておけば幼虫がかえり、野菜をめぐる攻防がくり返されます。

虫との戦いは先手必勝、敵を早く発見することが肝要です。そのためには毎日、野菜の様子を注意深く観察しなければなりません。

朝早く畑に行くと、里芋の葉に透き通った朝露が光っていました。見ると、大きなガの幼虫にむしゃむしゃと食べられたらしく、葉の真ん中辺りに大きな穴が開いていました。

私はすぐに気がつきました。朝露は里芋の涙だったのです。

里芋は涙を浮かべて、別の葉まで食べられてしまうのではないかと心配していたのです。

私はすぐにガの幼虫をとってやりました。

「幼虫はもういません。安心してください」

私が声をかけると、深々と頭を下げて「ありがとう」と言っているように、里芋の葉が揺れていました。

2 里芋の煮っころがし（2017・11・23）

山奥の山人畑のそばに作業小屋を建てることにしました。

畑で使う耕運機やトラクター、肥料などを、いちいち滝見苑まで取りに行っていたのでは効率が悪いからです。

近くにタケノコがとれる山があり、春にはみんなでタケノコ狩りに来て、旬の味を楽しみます。人が集まる時には、鍋などの調理器具を保管し、作業ができる場所があれば、いろいろと便利です。

「滝見山人小屋」という名前にしようと思っています。

単なる物置ではなく、私が目指す自然の恵みを生かした農業の拠点にしようと思います。地域に貢献するため、地元の人たちや地元産の材料の活用なども考えています。

地元の大工さんに依頼し、縦約20メートル、横約4メートルの平屋の小屋を建てることにしました。トタンの屋根以外は木製で、近くの山のスギ材を利用します。

早速、宮ちゃんと大工さんが慣れた手つきでスギを伐採し、4日間で長さ4メートルの材木20本ほどにそろえてくれました。製材も地元の材木屋さんにお願いする予定です。

私と宮ちゃんは毎日朝早く畑に出て、2時間ほど仕事をします。

秋が深まり、里芋の仲間も大きくなった頃です。里芋の出来を見るため、試しに掘ってみました。

今年は親芋、子芋、芋茎《ずいき》に分けて干すことにしました。

長老の話では、里芋は日光で干すと甘味が増すと言います。晴天が続いているので乾くのも早そうです。

丹精込めて育てた里芋を1年ぶりに手にした時のうれしさは格別でした。ずっしりとした手応えに、よくぞ育ってくれたと思わずジーンとなるのです。

これから仕事を始める若い人には理解しづらいかもしれませんが、仕事で得られた小さな感動を私は大事にしています。

仕事とは、決められた時間を働き、給料をもらえばいいというものではありません。

仕事には働く目的があります。お年寄りのために働く人は、お年寄りのうれしそうな顔に喜びを感じるでしょう。仕事から得られる感動は、他の何よりも仕事への意欲につながるのです。

収穫した里芋の子芋を使って、煮っころがしをつくりました。

茹でる里芋は、京芋、セレベス、八頭芋の3種類です。

ひょろひょろと細長い京芋は、タケノコの姿に似ています。秋の京料理に欠かせない食材で、あんかけなどにします。寒さに弱いので、温度管理に気をつけます。

セレベスは、インドネシアのセレベス島(現スラウェシ島)から伝わったので、その名が付いたと言われます。丸々として芽の先が赤く、この地方では赤芽と呼んでいます。子芋は時期に関わりなくうまく、親芋は秋のとれたての頃がいいようです。八頭芋は丸い子芋がなり、正月のおせち料理に欠かせません。いつまでもおいしいのですが、皮をむくのが大変です。

茹で上がった子芋は箸で突くと、すっと刺さります。芋が全部茹で上がったところでガスを止め、ざるに移した芋に塩を満遍なくふります。湯気にもおいしそうな芋の香りがしみ込んでいます。

秋の初め頃、子芋を皮のまま茹でて皮をむいて食べる衣《きぬ》かつぎも、前菜として旅館のお客様にとても喜ばれています。

それもそのはず。里芋は縄文時代に日本に入ってきて、万葉集でもうたわれているほど、最も古くから日本人に親しまれてきた食材なのです。

3　雨の日に考えたこと（2017・12・3）

2017年の秋。今日も朝から雨が降り続いています。雨が降って、3日目になります。それでも宮ちゃんは時間通りにうちに来ました。

「こんなに雨が降っているのに、仕事はできるの？」と尋ねると、「早く収穫しないと、トウガラシなどが大きくなりすぎる」と言うのです。

責任感の強い宮ちゃんはカッパを着て、雨の中を畑に向かいました。15年以上も私と一緒に庭の管理や畑仕事をしてくれる助っ人です。

私は屋内で仕事をしました。

最初にナスとキュウリの塩漬けをつくりました。薄味の塩をまぶした野菜を味噌と砂糖に漬け込みました。野菜を長く、おいしく保存できるようにと昔の人はよく考えたものです。

続いて、里芋の子芋を茹でました。茹で上がった芋は、塩をふってざるに入れておくと、冷めてもうまいのです。塩をふった子芋を一つ、指先でつまんでくちびるに当て、ちょいと押すと、ツルっと口の中に入っていきます。何ともいえない口当たりです。

昔の農家は、精のつく食べ物として子芋の料理をつくっておいたものです。村の寄り合いの順番が回ってきた家では、里芋やコンニャク、大根の甘煮を出すのが定番でした。

でも、今はお茶菓子やつまみを買ってきて、ビールで「乾杯！」をするのが当たり前の世の中です。子芋を入れた鍋がぐつぐつと沸騰するのを眺めていたら、昔のことを思い出してしまいました。

里芋の芋茎《ずいき》は、私の部屋で乾燥させています。

芋茎は里芋などの葉柄のことです。葉身と茎をつなぐ葉の一部で、食用にされます。晴れている時は日なたで芋茎を干すのですが、ここ数日、雨降りが続いています。湿ったままにしておくと、芋茎にカビが生えます。せっかく皮をむいておいしく食べようと思っていたのに、カビが生えたら食用になりません。

雨の日に芋茎を乾かす妙案はないものだろうか。知恵を絞った結果、エアコンの温風を芋茎に当てて乾かす方法を思いつきました。実際にやってみると、部屋の中でもエアコンを使えば、芋茎を十分に乾かせることがわかったのです。

工夫をするのと、しないのとでは結果は大違いです。

深刻な地球環境の問題でも、世界中の人が真剣に知恵を出し合えば、きっと素晴らしい成果が挙げられると期待しています。

雨降りの日は、畑仕事ができなくなるので、うちの中でいろいろなことを考えます。旅館経営や農業、自然のことを考える貴重な時間になることもあれば、身の回りの出来事や身近な人たちの気持ちを考えることもあります。

もちろん、滝見苑グループの従業員のことも考えます。

私が手作りした里芋料理を職場に差し入れた時のことです。

日ごろ、私と一緒にいる時間が長い職場の従業員は、私の差し入れを食べる機会が多いためか、反応はいま一つ。これに対し、一緒にいる時間が短い職場の従業員は、たまにしかない差し入れに、だれもが「うまい。うまい」「会長、また持ってきてよ」と喜んでくれました。

みんな、素直な従業員なのにこうも反応が違うのか、と驚いたほどです。

私と一緒にいる時間が長いと、一緒にいるのが当たり前になるため関心が低くなり、逆に時間が短いとありがたさが増すのでしょう。

「孝行したい時に親はなし」とよく言われますが、親が元気な時にはありがたみに気づかないというのと、どこか通じるものがありそうです。

時には社会のことも思いをめぐらせます。戦後まもない頃は、みんなが貧しかったこともあり、世の中に一体感がありました。ところが、暮らしが豊かになると、次第に一体感が失われ、

「自分さえよければ」という意識が広がってきたように思います。

このまま、「自分さえよければ」という風潮が広がったら、人の心がばらばらな世の中になってしまいます。私はそれを最も心配しています。

どうすれば、その風潮を防げるのでしょうか。

私は、自分の主張をくり返すだけではなく、時には一歩下がって相手の声に耳を傾けるべきだと思います。そういう姿勢で人と接すれば、相手を理解したり感謝したりする心の余裕が生まれ、ばらばらになった人の心が結ばれる可能性が出てくると思うのです。


山奥の自然の中で暮らす山人だからこそ、気づくこともあります。

四季は毎年、同じようにめぐってきます。人間は自然の恵みを受けて生きてきたのです。

しかし、自然は人間だけのものではありません。地球の自然はすべての生き物が生きていくためにあるのです。自然保護の原点はそのことに気づくことだと思います。

田畑を荒らすので、たくさんのイノシシが人間によって駆除されています。それではなぜ、イノシシは「害獣」と呼ばれるのでしょうか。

イノシシがすむ森に餌がなくて、すみにくいからです。餌があれば、わざわざ危険が多い人里に下りなくてもすむのです。

スギやヒノキだけの森を伐採したら、イノシシだけでなくシカやサルの人里への出没が減ったと、地元の人から聞いたことがあります。

伐採された地面に日が当たるようになります。すると、花が咲く植物などが育ち、花の蜜や実を求めて昆虫などがやってきて、動物たちの餌が増えるからだと言うのです。

人間がスギやヒノキだけの森にしたことが、動物による農作物被害の原因の一つだとしたら、「害獣」と呼ばれて駆除される動物たちが気の毒です。

雑木も植えて、さまざまな動植物が生きる森にしたいものです。

4　チバニアンとカワセミ（2018・2・11）

地球の地質年代の正式名称になるかどうかと、話題になっている「チバニアン」の地層の見学に行ってきました。

チバニアンはラテン語で「千葉時代」の意味です。今（2018年）の段階では、77万年4千年前から12万9千年前までの地質年代の名称の有力候補の一つです。

約77万年前に起きた地球史で最も新しい地磁気逆転の記録がよく残っている地層が千葉県市原市の養老川沿いにあります。国際学会で「一番よい」と認められれば、「チバニアン」が地質年代の正式名称になります。

粟又の滝から下った養老川の淵にほぼ垂直の崖があります。高さは20メートルほどでしょうか。崖の上には雑木が生え、枯れたフジのつるが垂れ下がっています。

ここが「チバニアンの地層」と呼ばれるところです。岩肌に並ぶ幅50センチほどの地層は斜めに下り、地中の奥深くまで続いているように見えます。

はるか大昔、この辺りは深い海底だったと言います。その後の隆起で出現した大地が養老川の流れなどで侵食され、この地層が露出したようです。

何の変哲もない風景に見えますが、実は46億年の地球史の貴重な場面に触れているのです。地質年代の正式名称になれば、世界に誇れる養老渓谷の名所になると、地元ではみんながわくわくしています。

壮大な地球のドラマを想像しながら、話題になった地層付近の養老川の岸辺を歩いてみました。

人が容易に近づけない土手に、「清流の宝石」カワセミが開けたと思われる穴を見つけました。冬が終わりに近づいてきたので、春に向けて、巣作りが始まったのかもしれません。

1羽のカワセミが飛んできました。

水際に生える木の枝にとまって静かな水面を見つめていると思ったら、一直線に水に飛び込みました。水の中から現れると、くちばしに小魚をくわえています。再び木の枝にとまると、小魚を枝に打ちつけてから、ぐっとのみ込みました。

カワセミはくちばしを何かにこすりつけ、全身をぶるっと震わせて、羽を乾かします。そうした動作を見ているうちに、この鳥には、常に体を清潔にしておく習性があるのではないか、と思えてきました。

すると、別のカワセミが飛んできました。

2羽はカップルなのでしょう。木の枝に仲良く並んでとまり、一緒に「キーっ、キーっ」と鳴いています。いったい何を話しているのでしょうか。

カワセミたちがいなくなると、岩陰に隠れていた小魚たちが姿を現しました。水がわずかにぬるんできたのでしょうか。何だかそわそわしているようです。

しばらく歩いていると、せせらぎが聞こえ、川の流れが私を追い越していきます。川床には青々とした藻が茂っています。植物たちは水の中でも光合成によって、私たちが生きるのに欠かせない酸素を作ってくれているのです。

よく見ると、藻の中に虫がいました。何かの幼虫でしょうか。獲物をくわえています。光の屈折で、水の中の姿が実際より大きく見えているのかもしれません。

春を前に水辺の生き物たちは、命をつなぐ準備に余念がありません。

その時、私の影に気づいたのか、魚影が川下へと遠ざかっていきました。

流れに抗しながら、岩や藻にしがみつく虫などを食べているハヤのようです。小さな虫をハヤなどの魚が食べ、その魚をカワセミなどが食べます。小さな動物を食べるより強い動物もやがて命が尽き、その体は微生物によって分解されます。

こうして命は鎖のようにつながり、輪をつくって循環するのです。

生き物たちは、四季という自然のリズムに合わせて、命をつないでいます。

ところが、人間の暮らしは自然から切り離され、四季という自然のリズムとのつながりも薄れてきたように思うのです。

人間と自然との距離が離れるにつれて、人間は自然の痛みを感じなくなっているのではないでしょうか。その結果、自然破壊はますます拡大し、地球温暖化の問題などは取り返しがつかなくなる寸前のところまで来ているようです。

人間も自然のリズムに身を委ねて、他の生き物たちと共に生きることを心がけるべきだ、と私は思います。

※国際地質科学連合は2020年1月、千葉県市原市田淵の地層を、最も新しい地磁気逆転の記録が世界で最もよく残っていると認め、地質年代を「チバニアン（千葉時代）」と正式決定しました。日本の地名が刻まれるのは初めてです。

5　野菜づくり　陰の主役は菌（2018・3・21）

養老渓谷の森を歩いていると、時々、水たまりを見かけます。清水が湧き出しているところもあり、ぬかるみに動物たちの足跡をたくさん見つけることもあります。

こうした場所をヌタ場と言います。イノシシやシカが寝そべって泥浴びをした跡です。体表に着いたダニなどの寄生虫や汚れを落とすための行動とみられています。

動物がヌタ場で泥浴びすることを「ヌタを打つ」と言います。テレビを見ていたら、有名な国語の先生が、「ヌタを打つ」は「のた打ち回る」という言葉と関係していると話していました。

この辺りのヌタ場の中には、以前は温泉が湧いていたのか、地面から白い湯気が出ていて、硫黄の臭いがかすかに漂っているところがあります。冬場も温かくてセリやクレソンなどが生え、それを知る動物たちが食べにきます。

しかし、この辺りの動物たちがヌタ場に来る理由はほかにもあるような気がします。温泉といえば、やはり湯治です。温泉地にあるヌタ場の泥水には、温泉の成分が含まれているのでしょう。

また、ヌタ場には大量の落ち葉が積み重なっています。落ち葉は微生物に分解され、腐葉土になります。

動物たちは、ここのヌタ場の泥の成分が体に良いことを体験的に知っていて、泥を浴びたり、泥水を飲んだりするのではないでしょうか。健康によいヌタ場は大切な場所として、親から子へ、子から孫へと代々、引き継がれているように見えます。

雪が降る日は、山の動物たちのことが気になります。窓の外の寒々とした景色を眺めていると、サルたちが鼻水をたらしながら身を寄せ合い、羽をふくらませたコジュケイがくしゃみをしている、そんな漫画のような姿が目に浮かんできそうです。

動物が元気でいるためには、餌になる生き物が森に豊富になければなりません。

そのためには、菌などの微生物を含めた多様な生き物がいるバランスのとれた自然が必要です。

人の体内には無数の菌がいて、病原菌の侵入を防いだり、消化を助けたりと大事な役割を担っています。

確かに悪い菌もいますが、「殺菌」「抗菌」を強調して菌を排除するような風潮は良い菌までいなくなりそうで、心配になります。

私はモミジの落ち葉堆肥など自然の力を利用して野菜づくりをしています。そうした農業を支える陰の主役は、落ち葉を分解して土を栄養豊かにするなど、大切な働きをしてくれる菌などの微生物だと思います。

山人畑でとれた野菜を味わっていただいたお客様からの「野菜がおいしいですね」の一言が、

何よりも私の農業を後押ししてくれます。

6　コモドドラゴンの不思議な力（2018・1・2、その後一部修正）

2017年秋のことです。朝、新聞を開いたら、インドネシアにすむコモドドラゴンに関する大きな記事に目が留まりました。「耐性菌の新薬開発を期待」するという内容でした。専門的な科学の話はよくわからないところもありますが、コモドドラゴンの不思議な力を医療に生かす動きを紹介する記事として、興味深く読みました。

コモドドラゴンは、コモドオオトカゲとも呼ばれる体長が3メートルにもなる世界最大のトカゲです。恐竜を思わせるいかつい風貌で、よく知られています。

私にとってコモドドラゴンは、以前からとても気になる存在でした。テレビ番組で見たコモドドラゴンの狩りの仕方に驚いたからです。

コモドドラゴンは、大きな水牛も餌にします。その風貌から水牛をパワーで圧倒するのかと思っていたら、そうではなかったのです。

水牛の足に鋭い歯でかみついたのですが、体の大きな水牛に簡単に逃げられてしまいました。

狩りに失敗したのかと思ったら、それがコモドドラゴンの作戦だったのです。かまれた水牛はゆっくりと衰弱していき、数日後、動けなくなったところを、数頭で襲って食べてしまったのです。

その頃はコモドドラゴンの唾液に含まれる細菌に感染して、水牛が病気にかかって衰弱すると言われていました。私は獲物を衰弱させる細菌とその細菌にコモドドラゴン自身が感染しないことに興味を持ちました。

その後、海外の研究者らが、「コモドドラゴンは、獲物の血液の凝固を阻害する毒を持っている」と発表したという話です。真相は科学の力で解明されていくのでしょう。そこは専門家にお任せします。

いずれにせよ私としては、世界最大のトカゲが持つ不思議な力にありあまるほどの不思議を感じるのです。

コモドドラゴンの新聞記事を読みながら、イノシシと豚を飼っていた20年ほど前の記憶がよみがえりました。シシ鍋を滝見苑の名物にしようと考えてのことで、イノシシが度々人里に現れて畑を荒らすようになる前のことでした。

父の仕事の関係でニワトリや牛は子どもの頃から身近な存在でしたが、イノシシや豚を飼うのは初めてで、手探りの状態で飼い始めました。

イノシシと豚をかけ合わせたイノブタの赤ん坊が生まれました。1か月ぐらいは、母乳の免疫効果もあるのか順調に育ちました。しかし、それを過ぎると、牛乳や子豚用の飼料を与えると下痢をするのです。獣医師に抗生物質を打ってもらうと、一時的に元気になるのですが、結局は皮膚病にかかって丈夫には育たなかったのです。

それから数年間はうまく育てられず、私はシシ鍋をあきらめ、イノブタの子を豚舎から出して、自由にしてやりました。イノブタの子は泥をむしゃむしゃと食べたり、泥の中で寝そべったりするのでした。

そんな泥まみれの日々が1週間ほど続きました。するとイノブタの子は下痢や皮膚病は治まり、母乳を元気に飲んでいるのです。

私はびっくりすると同時に、泥の中にイノブタの子を元気にする不思議な力があるのではないか。その力を突き止めれば、いろいろな分野に応用できるのではないか。そう考えたのです。しかし、当時はそこまででした。どうやって不思議な力を突き止めるのかが、わからなかったからです。本業の旅館経営が忙しかったこともあり、いつの間にか忘れてしまったのです。

コモドドラゴンの新聞記事が、不思議な力の記憶をよみがえらせました。焼けぼっくいに火が点いて、いろいろな想像が湧いてきました。

コモドドラゴンに不思議な力があるのなら、他の動物にも同じような力があってもおかしくないはずです。

コモドドラゴンは大型のトカゲ、つまり爬虫類です。ということは、同じ爬虫類の動物から同じような不思議な力が見つかる可能性が高いのかもしれません。

しかし、爬虫類といってもトカゲ、ヘビ、カメ、ワニなど、いろいろあります。外国にすむ動物は入手が困難かもしれないので、日本にいる爬虫類で、不思議な力を持っている動物といったら……。


そう考えて思いついたのが、カメの仲間のスッポンでした。

スッポンといえば、古くから滋養強壮に富む健康食材として使われてきたほか、骨や歯を丈夫にするカルシウムや美肌効果のあるコラーゲンを多く含むことでも知られています。

スッポンが持っているさまざまな不思議な力を野菜づくりに生かせれば、おいしくて健康によい野菜が育つと考えたのです。

そのための実験場を山人畑の一角につくれないだろうか？　畑には敷地があり、畑の脇には山から湧き出した清水が流れています。山人畑を眺めていると、こんな実験場の姿が頭の中に浮かんできました。山の清水を利用して、畑の奥の方にため池をつくり、スッポンを飼う。池の周りに畑をつくり、池の水をまいて野菜を育てる。スッポンの酵素などを含んだ水を吸収して、健康によいおいしい野菜が育つ。こんな実験場をつくるのに必要な条件はそろっています。

後は私の覚悟の問題です。

私の結論は決まっています。もちろん、「やってみよう！」でした。

7　スッポンの夢（2018・3・31）

スマホを見ていたら、「マウスによる実験で、スッポンの成分が糖尿病に劇的な治療効果を上げた」と載っていました。

スッポンといえば、昔から滋養強壮の食材として知られています。私は山奥にある畑で自然の力を生かした農業をしていますが、スッポンの不思議な力を生かして、安全でおいしい野菜をつくれないかと思っているのです。

ご存じのようにスッポンは、爬虫類で「長寿の生き物」と言われるカメの仲間です。

爬虫類は3億年ぐらい前から生き抜いてきました。この間、何度もあった氷河期に、どのようにして命をつないできたのでしょうか。

爬虫類には他の動物にはない、秘められた力がありそうです。中でも「一度かみついたら雷がなるまで離さない」と言われるスッポンには、格別の力があるような気がします。

その力を生かすことができれば、よりおいしい野菜やより健康的な野菜をつくれるかもしれません。

そこで私はスッポンを飼育して、その生態を観察し、未知なる力を解明しようと考えたのです。

初めの一歩として、山人畑の一角にささやかな実験場をつくります。

山から水を引いてため池をつくり、池の周りを畑にして野菜を育てます。

池にはスッポンを放し飼いにし、スッポンが生活した酵素などを含んだ水を、肥料を兼ねて畑にまきます。

スッポンの酵素が、野菜の成長にどのような影響をもたらすのか。スッポンの酵素や酵素で育てられた野菜から、糖尿病の治療効果だけでなく、老化を防ぐ効果が見つかるかもしれません。

こうした宝物を発掘できれば、暗い話が目立つ高齢化社会をもっと明るくすることができるのではないでしょうか。


野菜づくりで難しいのは害虫対策です。

土壌をよくして野菜がよく育つと、たくさんの害虫が集まってきます。野菜の芽に虫が一斉に群がって、たちまち食べ尽くしたのを見て、あぜんとしたこともあります。

スッポンの効果で野菜がおいしくなっても、野菜が全滅したのでは話になりません。とはいえ、殺虫剤を使うのはできるだけ避けようと思っています。

そこで思いついたのが、スッポンによる害虫対策です。

子どもも含めてスッポンを自由に遊ばせてやれば、陸に上がって畑に来る虫たちを食べてくれるのではないでしょうか。

また、カマキリなどの肉食昆虫が来るようになれば、害虫対策になるし、スッポンの餌にもなります。


スッポンのことを考えるだけで、胸がわくわくしてきます。

毎日、山人畑に足を運んでは、水をためる場所や排水する場所はどこがよいか、と確かめています。

最初からすべてがうまくいくとは限りませんが、何事も挑戦だと思ってやってみようと思います。

「いい年をして、そんな夢みたいなことを」と思われるかもしれません。

しかし、未来につながる夢だからこそ、山人を熱くするのです

8 スッポン名人（2018・8・7）

千葉県大多喜町にある大多喜城といえば、徳川四天王の一人で、勇将として名高い本多忠勝を初代城主とするお城として知られています。現在のお城は本丸跡に建てられた博物館です。

忠勝の時代から400年余が経った今、その地でスッポンの養殖をしている、80歳を優に超えたご老人がいます。私は「おじさん」と親しく呼ばせてもらっています。

私が知る限りでは、この辺りでスッポン養殖をしているのは、おじさんぐらいじゃないかと思います。

私は、スッポンを利用する野菜づくりを始める前に、スッポンのことをいろいろ知りたくて、スッポンのことなら何でも知っているおじさんを訪ねては、いろいろと教えを乞うていました。

ある日のこと、私が「おじさんは、いつもお元気そうですね」と挨拶すると、おじさんは「俺はスッポンの卵を飲んでいるから元気なんだよ」と答えました。

毎日、スッポンの生卵を飲むのが、おじさんの健康法なのです。

「定期健診で医者から『何を食べていますか？』と聞かれたので、『スッポンの卵を生で飲んでいる』と言ったら、医者がびっくりしていたよ」と、得意そうに話してくれました。

おじさんは10ほどの池を管理し、一人でスッポンを養殖しています。池の水は井戸を掘り、ポンプで流し込んでいます。池のうち一つを産卵用に使っていて、その池のそばに小さな小屋があります。

「この小屋は?」と尋ねると、「スッポンはこの小屋の中で卵を産むんだよ」と教えてくれました。

おじさんの話では、小屋の中は砂が敷かれていて、5月頃の陽気になると、メスが入ってきて、砂に穴を掘って卵を産み落とします。メスが一度に産む卵は20個ぐらいです。産卵を終えたメスが小屋から出ていくと、別のメスが入ってきます。すると、掘りやすいためか、先に来たメスが卵を産んだ穴を掘り返してしまうことがあります。

そんな混乱を避けるため、おじさんはメスが産んでまもない卵を別の場所に移してやるそうです。長年、スッポン養殖を続けてきたので、おじさんはそうした経験から得た知恵をたくさん持っているのです。まさしく「スッポン名人」だと思います。

「鍋料理にするので、スッポンを分けてください」とお願いしました。

おじさんは玉網を使っていとも簡単に3、4匹のスッポンを捕まえて、桶に入れてくれました。

スッポンは桶から出ようと、足をばたつかせ、長い首を甲羅から伸ばしています。私はそれを見て、スッポンの首が甲羅と同じぐらい長いのを知りました、おじさんは桶の中のスッポンを尻の方から捕まえて、姿をよく見せてくれました。背中はねずみ色で腹は白。3キロ以上ありそうな大物で、よく肥えて元気もよさそうです。私も捕まえようとしたら、口を大きく開けて手にかみつこうとしたので、あわてて放してしまいました。

おじさんが、「何だ。わかってないな」という目つきで私を見ています。

私が気恥ずかしさをこらえて、「大きなスッポンでびっくりしたよ。何年ぐらい飼っているの？」と尋ねると、「そうだな。6年以上飼っているのもいるかな」と答えました。

おじさんによると、以前はスッポンを市場で販売していましたが、近頃は買い手があまりつかなくなったのだと言います。

おじさんは「俺も80歳を過ぎ、体が動かなくなってね。そろそろスッポンをやめようと思うこともあるんだよ」と言いました。先輩として、いつまでも頑張ってほしいものです。

家に戻って早速、気の合う仲間を呼んでスッポン鍋にしました。もちろん、スッポンの話題で持ち切りでした。

滝見苑グループの「別庭 もちの木」の板長は、スッポン鍋が得意料理です。社長はスッポンの生血をワインで割って飲んだら「元気が出た」と言っていました。

甲羅の縁側のところがコリコリしていて、コラーゲンが多く、美容にもよいと女性に人気があります。解体した肉は、熱湯にさっと通します。身が少し白く、引き締まったら、冷水で洗い流します。鍋に焼きネギなどの野菜やコンニャクを入れて、ポン酢で食べるのがおすすめです。

寒い冬はもちろん、夏の暑い時期にも美容と健康には、スッポン鍋はうってつけです。

9 目指すは健康・長寿社会（2018・8・17）

栗又の滝のそばに来て、半世紀となる日が次第に近づいてきました。最近はスッポンのことばかり考える日々が続いています。

昔は養老川の上流地域ではスッポンの話など聞いたこともありませんでした。

ところが、最近は養老川でも増えてきて、下流の方では「天然のスッポン」も出回ってきたそうです。

15年ぐらい前のことです。栗又よりもさらに山奥で年配の女性がスッポンの養殖をしていると聞き、話を聞きにいったことがあります。

彼女は九州から取り寄せた小ぶりのスッポンを育てていました。

「こんな山奥でスッポンを飼うのは、何かわけがあるんですか？」

私が尋ねると、「スッポンは神経質で音に敏感なので、静かなところで飼うのがいいからよ」と話してくれました。

彼女は60歳ぐらいだったと思います。

あの頃は60歳になると、定年などで仕事を辞める人が多く、老け込む人が少なくなかったという印象がありました。

ところが、彼女は違いました。スッポンを食べていたからか、肌は輝くほどみずみずしく、40歳そこそこにしか見えません。気持ちも若くて、彼女の話を聞いていると、こんな山奥でスッポンを飼うことをよくぞ思いつき、実行したものだと感心するばかりでした。

その頃、スッポンは一尾5千円くらいする高級品だったと記憶します。私は千葉の市場にスッポンを買いに行き、旅館の鍋料理に使いました。

養老渓谷では、コイ、ウナギ、ハヤ、アユが川魚料理の定番でした。

しかし、私はお客様に山奥の旅館まで足を運んでいただくためには、スッポン料理が必要だと考えていました。スッポン鍋はイノシシ鍋と共に名物料理になると思ったからです。

「人生100年時代」という言葉をよく耳にするようになりました。100歳を超す方も増えていて、長寿の研究も進んでいます。

山奥に住む滝見山人の私でさえ、NMN（ニコチンアミドモノヌクレオチド）、テロメア、テロメラーゼなどの老化防止に関係する科学用語に触れる機会が増えてきました。

「カメは万年」と言われ、長寿の動物とされています。私はカメの仲間のスッポンには長寿のための不思議な力があると思い、その力を野菜づくりに生かそうと夢見ています。


山奥で暮らしていると、動物の生態にはいろいろ不思議に思うことがあります。

例えば、冬眠です。冬眠中の呼吸や血液の循環はどうなっているのでしょうか。魚なども水底でじっとしながら冬を越しますが、そうした生態の中に生命を維持する秘密が隠されているような気がします。

冬眠中のスッポンの生態を調べたら、3億年を生き抜いてきたスッポンなど爬虫類の力について、何かがわかるかもしれません。

さまざまなアイデアが浮かぶ中で、私がこれだと思ったのが、山人畑の一角にスッポンの養殖池と野菜畑からなる実験場をつくることでした。

実験の結果、スッポンから若返りの酵素が見つかり、実用化にも成功すれば、健康・長寿社会の実現に向けて、大きく前進することになるでしょう。

スッポンの不思議な力のこととなると、夢がどんどんふくらんで、ついつい力が入ってしまうのを、自分でも感じます。

語りたい思いは尽きませんが、今日はこの辺までとしておきましょう。

10　太陽・水・土の力　70歳を超えて勉強（2018・9・12）

私は25年ほど前から自分で野菜をつくるようになりました。旅館のお客様においしい野菜を味わっていただくためでした。

ニワトリを飼育して鶏糞を利用する野菜づくりを、旅館の空いていた土地でやっていました。市場で売るのが目的ではなかったので、野菜は旅館など自分のところで全部消費するようにしていました。

小さく始めた農業でしたが、山人畑に移って規模が大きくなり、落ち葉堆肥などによる有機農業を実践するなど、質の面でもレベルアップしました。

山人畑は谷底にあるため、冬は日差しが当たりません。一日中、あちこちで霜柱が白く光っています。

２０１８年も３月初めになると、ようやく谷底の畑に日差しが当たり、霜柱が融け出しました。

すると、冬の間に種をまいたホウレン草などが成長し、菜の花が花芽をつけ始めます。菜の花の先の方を摘み取って、茹でて、辛子醤油で食べると、口の中にやわらかな早春の風味が広がり、何ともうまいのです。

去年の山人畑は豊作でした。里芋は1200キロもとれました。野菜も旅館のお客様のために糠漬けにするなど、いろいろな料理に使われました。

今年の収穫はどうなるのでしょうか。10台のダンプカーに山のように積まれたバーク堆肥を畑にまくところです。

今年はスッポンを使った野菜づくりの実験にチャレンジします。清水を引いたため池でスッポンを飼い、池の周りにつくった畑にスッポンの酵素などを含んだ池の水をまいて、健康・長寿につながる野菜を育てるという実験です。

実験場の中心になるため池は、山人畑の中の雨水がたまる場所を確かめ、そこを掘ってつくりました。

実験開始が近づいてきたのでため池の様子を見にいくと、清水の取り込み口にオタマジャクシが黒々とした塊をつくっていました。

うまく水が流れず、池とつなぐ水路の水が深くなって、オタマジャクシが集まって、塊のように見えたのです。水の流れを調整し、ため池に水が流れるようにして解決しました。

今度はため池のあぜが崩れるのではないか、などと心配になります。水の調節はやってみるとなかなか難しいのです。実験の準備段階から、勉強しなければならないことが山ほどあると痛感しました。

健康・長寿の野菜づくりという目標に向かって、70歳を超えても勉強することがあるのは、素晴らしいことです。スッポンには感謝しても感謝しきれません。


山人畑での野菜づくりに必要な自然の力とは何でしょうか？　まず、太陽・日差しです。山人畑の野菜も光合成によってでんぷんをつくり、自らが成長したり、蓄えたりする養分として使います。

続いて、水です。山頂付近から湧き出す清水を利用してため池をつくりました。山の栄養に加えて、池で飼うスッポンの酵素などを含んだ水を野菜づくりに使います。

もう一つが、土・土壌です。山人畑もかつては海の底だったようで、土に貝の化石が含まれています。粘土質のため、雨が降らないと石のように硬くなり、雨が降ると手でこねられるほどやわらかくなります。堆肥を入れて改良すればよい土になると思います。


長年の旅館経営の経験から、私は料理にはだれよりもうるさい、と自負しています。味のわかるお客様が旅館のリピーターになってくださるからです。料理がおいしくなかったら、旅館経営は成り立ちません。山奥の旅館ならなおさらです。そのためには腕のいい料理人と良質の食材が欠かせません。

でも、いくら腕のいい料理人を雇っても、食材が悪ければおいしい料理はつくれません。私のやるべきは、もっと勉強をして、より良い食材となる野菜をつくること。そのために太陽、水、土による自然の恵みを野菜づくりに存分に生かそうと思っています。


カレンダーがまた1枚めくられ、4月になりました。いよいよスッポンを使った野菜づくりの実験が始まろうとしています。

そんな時、スッポン名人から、「スッポンは寒いうちは目が覚めないよ」と電話がありました。冬眠中のスッポンは春の訪れに気づくのが遅いというのです。

せっかちな私を落ち着かせようという名人の心遣いの電話でした。

名人の本心は、「スッポンを飼う準備をしておきなさい」ということです。

私の農業は、多くの方のご厚意に支えられています。本当にありがたいことです。

11　スッポンが実験パートナー（2018・11・2）

スッポンの酵素などを利用して、健康・長寿につながる野菜づくりの実験がいよいよ始まります。

スッポンを養殖するため池をつくって「万年池」と名付け、水の調節などの課題もクリアしました。池の周りの畑は、2月に冷たいぬかるみを踏み固めるなどして、泥んこになってつくりました。

後はスッポンを池に放すだけです。

3月に入って、スッポン名人のところにスッポンをもらいにいくと、名人から「まだ寒いからスッポンは冬眠中だよ。今、池に放したら死んでしまうよ」と言われました。

私がつまらなそうな顔をしているように見えたのか、名人はご自身の健康法であるスッポンの生卵を持ってきて、「去年、産んだ卵を冷蔵しておいた。精がつくから、食べなさい」と言うのです。気持ちは大変ありがたいのですが、丁重に辞退しました。

4月初めに名人の電話があってから10日ほどが過ぎたので、私の方から名人を訪ねました。スッポンを飼っていた池の跡地で、キャベツとカリフラワーが通常の3倍ほどの大きさに育っていました。よほど栄養がいいのでしょうか。しかし、せっかくの野菜が虫に食われていました。

私が「虫を退治した方がいいですよ」と言うと、名人は「農薬を使ってはいけない。長生きするには、虫が喜んで食べる物を人も食べることが大切なんだよ」と言うのです。

そうした野菜を私は食べる気にはならないのですが、おっしゃることはなるほどと思いました。

「スッポンが餌を食べ始めたから、持っていきなさい」

5月に入って、名人から待望の電話があり、早速、出向きました。

名人が大きな玉網を池に入れてすくうと、スッポンが現れました。名人は、スッポンの甲羅をつかんでは頭の方から紙袋に入れていきます。スッポンは口を大きく開けて、名人の腕にかみつこうとしますが、名人は意に介さず、慣れた手つきでひょいひょいとさばくのです。

スッポンは全部で7匹。隙あらば逃げ出そうと、紙袋の中でガサガサと動き回っていました。

私は名人からスッポンが入った紙袋を受け取ると、急いで車に載せて、万年池へと出発しました。

「静かにしていろよ。30分もすれば、池に放してやるからな」

そう声をかけて、車を走らせました。

途中、スッポンが暴れるので、「逃げ出したスッポンにかみつかれるかもしれない」とびくびくしながら運転したため、万年池に着いた時はさすがにほっとしました。

スッポンを池に放す際、大きな口を開けたスッポンが私に向かってきたのでびっくりしました。1匹のスッポンが、そばにいた別の1匹にかみつくと、かみつかれた方もすぐにかみつき返そうとします。スッポンは、かんだら雷が鳴るまでも離さないと言われますが、聞きしに勝る迫力でした。

スッポンたちは池に放たれると、みんな、すぐに潜ってしまいました。

スッポンの生態をよく知ろうと、注意深く観察することにしました。

性格は臆病なのか、警戒心はかなり強いようです。私が様子を見に池に近づこうとすると、板の上で日なたぼっこをしていても、たちまち水の中へ逃げてしまいます。

ちょっとおっかない連中ですが、これからは実験の大事なパートナーです。そこで1匹ずつ、名前を付けてあげることにしました。

「甲羅からしっぽが長く出ているのがオス」と、名人から教えてもらいました。

オスが2匹いました。万年池の「万」の字をもらって、体の大きな方を万次郎、小さい方を万寿と名付けました。5匹のメスたちもそれぞれの特徴を見ながら、名前を付けてあげようと思っています。

スッポンが人に慣れるのかどうかはわかりませんが、健康・長寿につながる野菜づくりの実験パートナーとして、しっかり協力し合っていこうと思います。

12　命の不可思議（2019・8・16）

スッポンによる野菜づくりの実験を始めて1年が経過しました。

万年池の周りの畑で育てたキュウリやトマトなどは、スッポンの酵素などの効果なのか、普通よりも大きく育ち、味もまずまずでした。最初の年にしては、順調なスタートを切ることができたと思っています。


先日、山人畑でとれた合わせて40キロの里芋を、農協さんを通して東京の太田市場に初めて出荷しました。

結果がファクスで送られてきて驚きました。こちらが期待していた数字とだいぶ違っていたからです。

里芋の収穫が増えて、大量の芋を手で洗っていたのでは体がもちません。そこで芋洗い機を買いました。しかし、里芋の値段を考えると、元を取るには何年もかかりそうです。

こうした経験を重ねるうちに、農業経営の難しさがわかってきます。市場でつく値段では、「専業農家で生活できるのか……」と不安を感じる若者は少なくないでしょう。

でも、ここで立ち止まるわけにいきません。今回のことは「広告宣伝費だ」と割り切って、新たにセレベス、里芋合わせて70キロを市場に出荷しました。

農業をすることで得られるものは数多くあります。何と言っても野菜という自然の恵みに触れられる歓びが、農業にはあります。田舎での暮らしは不便ですが、自然から得られる恵みには余りあるものがあります。

森ではさまざまな動物や植物が生きています。森は空気を爽やかにし、水を清らかにします。秋になれば木の実がなり、色づいた葉はやがて散り、私は落ち葉をかき集めて野菜づくりのための堆肥をつくります。

自然の中で保たれてきた空気や水、栄養豊かな土を利用して、野菜はできるのです。

野菜は正直です。土づくりから丹精を込めて育てれば、自然の恵みにあふれる野菜となって応えてくれます。自然災害や動物による食害などの厳しさも体験しますが、頑張って育てた野菜を手にした時の歓びは格別です。

よく働いてくれた畑の土を冬の間はしっかり休養させます。

暖かくなってきたら、畑を掘り起こして、土の中に空気を入れます。落ち葉などの分解が進み、野菜を育てる土の中の環境が整っていきます。

年々、改良された土で自然の恵みにあふれた野菜が育ち、そうした野菜を食べることで病気にならない、病気になっても治りやすい丈夫な体になるのです。

春になって野菜づくりが本格化する前に、やっておかなければならないと私が思うことが三つあります。

一つは、野菜づくりの年間計画を立てることです。山人畑の面積は1町歩(約1ヘクタール)ほど。「この辺は水がたまりやすいから里芋に向いている」「乾燥するところは、落花生の『おおまさり』がいいだろう」。こんな具合に野菜の性質を考えながら、いつ、どこに、どんな野菜を植えたらよいかを決めるのです。

二つ目は、野菜づくりの準備です。

よい野菜を育てるためには、周到な準備が欠かせません。まずは堆肥や鶏糞などをバランスよく混ぜて、土づくりをしっかりやらなければなりません。

三つ目は、農業の研究です。

野菜づくりの年間計画を立てるにも、野菜づくりの準備をするにも、より良い方法を探求しなければなりません。広く情報を集めて望ましい方法を選択し、一歩一歩前進していくことが大切です。

私が目指す農業は、自然を生かし、おいしくて健康・長寿につながる野菜をつくることです。

有機農業の野菜づくりで難しい課題の一つが、害虫対策です。野菜が育ってくると、どこからか虫が飛んできて、野菜を食い荒らします。それでも農薬を使わずに、被害を防ごうと思っています。

去年、害虫対策のヒントでもつかめればと思い、虫たちの行動を観察しました。いろいろな虫がいましたが、その中に明かりに集まってくるガのような虫がいました。

「敵がそう来るのなら、こちらも」と大胆な作戦を考えてみました。名付けて、「月とスッポン」作戦です。

作戦の一端をご紹介しましょう。

夜、月明かりのように電灯で池の水面を照らすと、ガのような虫が飛んできて群がります。虫たちは互いにぶつかり合って、次々と落下します。水面でばたつく虫たちを、食欲旺盛なスッポンたちが「待ってました」とばかりに食べると思うのです。

スッポンの餌の確保と害虫対策を意図した両面作戦ですが、果たしてうまくいくのかどうか……。拍子抜けされそうですが、作戦を決行するかは未定です。ここでは薬剤を使わない農業をやり抜くのが容易でないことをご理解いただければと思います。


「自然を生かす」「自然の恵みを生かす」とは言うものの、「自然を生かす農業」とはどういう農業なのだろう？

ふと、そんなことを考えることがあります。

野菜に集まってくる虫をスッポンが食べる。虫たちの命はスッポンの酵素などを通して、野菜など他の命に受け継がれる。

生き物は他の生き物に食べられたり、微生物に分解されたりすることで、その生命は他の生き物に受け継がれていく。

生き物たちは「食べる、食べられる」という命のやり取りによって、互いに支え合っています。自然を生かすとは、「食べる、食べられる」という命のやり取りを絶えず続けていくことなのかもしれません。


命とは不可思議なものです。

草原のガゼルとそれを食べるライオンは相反する関係のように見えます。

しかし、自然という一つの大きな舞台で考えると、ガゼルを食べるライオンは草食動物の増え過ぎを抑え、草原を維持する役割を果たしています。ライオンに食べられるガゼルも、ガゼルを食べるライオンも、命をやり取りすることで、互いに支え合っているのです。生き物たちが支え合うことで、自然の調和は保たれ、人間も自然の調和の中で生きてきました。

ところが、地球温暖化や激しい気候変動などを見ると、自然の調和そのものが崩れてきたように思え、とても不安になります。「人間さえよければいい」。そうした考えでいれば、人間の欲望に歯止めがかからず、自然が滅びかねません。

私は野菜づくりを通して、「自然を生かす」ことの意味を学び、自然の大切さを次の世代に伝えていこうと思います。

13　サンコウチョウと微生物（2021・4・4）

わが家では毎朝、納豆に生卵をかけて、ご飯を食べています。今ではどこのスーパーでも納豆を売っていますが、私が子どもの頃は多くの家庭で納豆をつくっていました。

わが家でも、母はよく煮た大豆をわらづとに入れて、納屋の隅に積んでいました。何日か経つと、わらづとの中の大豆がねばねばしてきて、納豆ができるのです。母の手作り納豆で食べた朝食はどんなご馳走にも勝る、懐かしいおふくろの味です。

しかし、食べる方に夢中だった子どもの頃は、どうして大豆が納豆になるのかなんて、まったく考えもしませんでした。

藁にいる納豆菌の作用によって、大豆が発酵して納豆ができることを知ったのは、だいぶ時間が経ってからです。

「納豆菌って、たいしたもんだなあ」

細菌や菌類など、目に見えない微生物の力に感心したものの、その時も微生物のことを深く考えることはありませんでした。

微生物のことを考えていたら、サンコウチョウのことを思い出しました。

初夏に繁殖のために南の国から養老渓谷の周辺の森にもやってくる黒紫色の鳥です。繁殖期のオスにはひときわ長い尾羽があり、いかにも熱帯の鳥といった美しい姿をしています。森にすむ鳥で、静岡県では県の鳥に指定されています。

鳴き声が「ツキ(月)、ヒ(日)、ホシ(星)、ホイホイホイ」と聞こえることから、三つの「光」の鳥、「三光鳥」と呼ばれるのだといいます。

そんな南の国の鳥がなぜ、はるばる養老渓谷辺りの森にやってくるのでしょうか？　山人畑での野菜づくり体験をもとに、私はこんな想像をしています。


日本には、雑木林の落ち葉堆肥を用いる伝統的な有機農法があります。落ち葉堆肥とは、微生物が落ち葉を分解して作り上げた栄養豊かな堆肥です。落ち葉堆肥を見ても、微生物が素晴らしい働きをしていることがわかります。

しかし、微生物を巧みに利用しているのは人間だけなのでしょうか？　微生物の働きを利用する生き物がほかにもいるのなら、サンコウチョウが子育てに微生物を利用していてもおかしくありません。

はるか昔に養老渓谷周辺を訪れたサンコウチョウの先祖が、たまたまそこで微生物の恩恵にあずかり、それ以来、子々孫々にわたって子育てのためにこの地にやってくるようになったとは考えられないでしょうか。

子育てに役立つ微生物がいるとしたら、サンコウチョウがやってくる、養老渓谷周辺のどの辺りなのか？

すぐピンときたのが、「チバニアンの地層」のある養老川の流域でした。

去年（2020年）の1月、77万年前に起きた最も新しい地磁気逆転の記録を世界中で最もよく残している地層として、チバニアンの地層が正式に認められました。地磁気の逆転という地球史の壮大なドラマの舞台であり、パワースポットとしても人気があるそうです。

いかにも不思議な力にあふれているような気がしませんか？　私もチバニアンの地層の周辺なら、サンコウチョウの子育てに役立つ特別な微生物がいるのではないかと期待するようになりました。

最後に微生物の素晴らしい話題をご紹介しましょう。

「イベルメクチン」という薬をご存じですか？　大村智博士らが開発して、2015年にノーベル医学・生理学賞に輝いた抗寄生虫薬のことです。アフリカなどの人々が、失明で苦しんでいた寄生虫による風土病の治療に大きな貢献を果たしました。静岡県伊東市のゴルフ場近くの土壌にいる放線菌という微生物からつくり出された薬です。

世界に誇るこの偉大な功績も、ゴルフ場近くで見つけた微生物の力を利用したものです。大村先生が膨大な種類の微生物を調べて、たどり着いた功績であることは存じているつもりですが、私もゴルフをするせいか、偉大な発見場所がゴルフ場近くだったことに親しみを感じました。こんな発見に私も関われたら、どんなにか素晴らしいでしょう。

14 カエルの力が世界を変える（2021・4・27）

2018年にスッポンの養殖を始めて2年ほどが過ぎました。

初めは30メートル×20メートルほどの万年池で10匹足らずのスッポンを育て、池の周りでキュウリ、ナス、トマトを植えました。手間がかかるので、いずれはミカン畑にしようと考えています。

去年、養殖に力を入れようと、40メートル×30メートルほどの池を新たにつくり、外敵から保護するための網をかぶせ、100匹ほどのスッポンを育てています。


年が改まって3月中頃になると、里山にも春の気配が漂います。スッポンは冬眠中ですが、たくさんの赤ガエルが池に来て卵を産んでいました。

数日後、雨上がりに池に行くと、透明なトコロテンの中に小さな黒い粒が並んだようなカエルの卵が水の中にいっぱいありました。

スッポンを養殖するための池なのに、このままでは「ケロケロ」という大合唱が響き渡る「カエル天国」になりそうです。

カエルだらけになってしまったら、冬眠から覚めたばかりのスッポンが驚いて池から逃げ出してしまうのではないか、と少し不安になりました。

でも、よく考えてみると、そこまで心配する必要はなさそうです。

なぜなら保護用の網の目を抜け出すカエルを、高いところからタカやカラスなどがご馳走にしようと狙っているからです。スッポンも長い冬眠から覚めれば、旺盛な食欲でカエルやオタマジャクシを食べまくることでしょう。

数が増える動物がいれば、それを食べる動物もいる。それをくり返す中で、自然のバランスは保たれるのです。

では、どうしてこんなにたくさんのカエルの卵が産まれたのでしょう。この場所には、カエルの産卵に適した特別な環境でもあるのでしょうか。

そんなことを考えていて、思い出したことがあります。

夏になると、池の周りは盛んに成長するイネ科の雑草におおわれるので、夏の間に何度も刈り取ることになります。そのまま放っておくと、刈り取られた大量の雑草はやがて枯れ、その後、土や水の中で分解されて養分になります。

この養分が「カエル天国」が出現した原因ではないのか。池の水が栄養豊かになって、プランクトンなどが増え、それが餌となってカエルの成長や繁殖を促している。カエルやオタマジャクシが増えれば、今度はそれを餌とするスッポンも成長するのだから、私にはありがたいことになるはずです。

しかも、ありがたいのはそれだけではありません。

池には保護用の網がかぶせてあるので、スッポンの冬眠中は外敵が少なく、オタマジャクシは成長し、次々とカエルになっていきます。

そうなれば、大量に糞をするので畑にまく水の養分が増えたり、畑に来る害虫を食べたりしてくれるでしょう。

この春はカエルのおかげで、野菜は豊作になるような気がします。

山人畑では、モミジやスッポンに加えて、赤ガエルやイネ科の雑草も野菜づくりに利用するようになりました。野菜づくりに利用する生き物の種類が増えれば、関係する微生物の種類も増えるはずです。その中には素晴らしい働きをする微生物がいるかもしれません。

農業関係の本を読んでいたら、納豆菌には連作障害を防ぐ土壌活性剤の機能があると書いてありました。すでに知られている微生物でも未知の働きがあるということです。

畑には、私たちが気づいていない宝物がまだまだ眠っているのではないでしょうか。カエルの体内にいる微生物にも素晴らしい未知の力があるのかもしれません。

15　自給自足の農業　土を知る（2021・6・29）

自給自足。必要なものを自らの生産によってまかなうこと。

創業した旅館の経営を息子に任せ、5年ほど前から自然の恵みを生かす有機農法で野菜を育てています。収穫した野菜は、わが家の食卓に並ぶほか、旅館のお客様などに味わっていただいています。私の農業は山人流の自給自足の農業といったところでしょう。

農業を続けることで、わかったことがたくさんあります。

例えば、畑の土の性質によって、適している野菜が異なり、同じ野菜でも味などが違ってくるのです。

東、西、南を海に囲まれた房総半島の大地はさまざまな地層が重なっています。小田代、太田代、黄和田などの地層をよく耳にします。

土の性質は地域によって違います。火山灰などからできた関東ローム層は酸性土壌のため、ホウレン草には石灰をやることもあります。

山人畑の土は粘土質です。チバニアンの地層と同様、海底が隆起した地層です。アルカリ性の土壌なのか、タケノコは真っ白でそのまま煮てもえごみがないし、味のよい野菜ができます。しかし、粘土質の土は、しばらく雨が降らないとコンクリートのように硬くなり、雨がよく降ると水はけが悪くぬかってしまいます。こうした粘土質の土に合わない野菜をいくら植えても、うまく育ちません。

畑の土に適した野菜を選んで育てることが、農業の基本だと思います。


その上で大切なのは、畑の土づくりです。畑の土をそのままにしておくと、畑はやせていきます。よい野菜をつくるためには、堆肥などを用いて、土を改良していかなければなりません。土づくりは丹念に時間をかけて行う作業です。山人畑でも土づくりに力を入れてきました。例年、春を迎える前にバーク堆肥や牛糞、モミジの落ち葉堆肥などを畑に入れています。その甲斐あって、畑の土が黒くてきめの細かい、さらさらの土になってきました。

以前はトラクターを運転して畑を耕していると、ロータリーの爪が粘土を削る音が聞こえたり、石のように硬くなった土くれが地中から出てきたりしたものです。それが近頃は、堆肥と土がよく混ざっているので、エンジン音も軽やかに聞こえます。

焦って結果を求めてはいけないことも、農業から学びました。農業以外なら画期的な発明やアイデアによって、新たな産業が生まれたり、生産力や売り上げを一気に高めたりする事例も珍しくありません。

未来の農業はわかりませんが、自然を相手にする今の農業は、1年を通してめぐる四季のような自然のサイクルの影響を強く受けます。

野菜には野菜が育つのに必要な時間があります。日本伝統の発酵食品である清酒や味噌を時間をかけてつくるように、野菜も畑の土づくりに始まり、じっくり育てる気持ちが必要です。焦らず、じっくり育てること、日々の地道な努力の積み重ねが大切なことを、私は農業から学びました。

最後に、地球の自然は生き物たちに支えられている、という私の持論で締めくくろうと思います。

地球全体から見れば、個々の生き物はちっぽけな存在かもしれません。

しかし、今生きている生き物たちは、生命の起源とされる約38億年前から、命をつないできた子孫たちです。環境の激変にも適応し、失いかけた自然のバランスを取り戻して現在にいたるのです。

スッポン、カエル、サル、イノシシ、そして、私たち人間などの動物も。モミジ、サクラ、ランなどの植物も。私の農業を支えてくれる微生物も。生き物は皆、自然を支えている仲間たちです。

山人畑でとれた野菜を手にすると、さまざまな生き物たちから贈られた自然の恵みだと感じます。

16 野生ランと宇宙の物語（2022・6・18）

私はクマガイソウなどの野生のランの花が好きで、毎年、ラン菌を寒天培養して育てています。若い頃から里山を歩いていて、薄暗い森や竹林で出会ったランに不思議な魅力を感じたのがきっかけです。

この辺の里山でも外来種のキョンという小型のシカが増えています。畑を荒らすので、農家がとても困っています。私もキョンの食害を防ぐため、畑の周りに網を張りめぐらせるなど、苦労しながら野菜を育てています。

キョンの食害が問題になる中、野生のランもキョンに食べられてしまうのではないか、と心配する人が多いのではないかと思います。

ところが、森をよく知る人に聞くと、「キョンは野生のランを食べない」と言うのです。「野生のランには毒があるから動物も食べない」と言う人もいますが、ラン科の植物は毒がないものがほとんどのようです。奇妙な姿をした花が多いので、毒があるように見えるのかもしれません。

それなら野生のランは健在かというと、残念ながらまったく逆の状況です。里山を歩いてもクマガイソウなどを見る機会がめっきり減りました。

キョンの食害でないとしたら、里山で見られなくなった原因は何か？　クマガイソウなどの野生のランは神秘的な美しさがあり、人気があります。高値がつくため、里山に入って盗掘していた人もいたそうです。

人間は畑を荒らす動物たちを悪者扱いしていますが、野生のランが絶滅の危機にあるのは、恥ずかしながら自分勝手な人間のためなのです。

里山からクマガイソウがなくなるということは、何を意味するのか？　希少な不思議な魅力の花が見られなくなるのは、もちろん寂しいことです。

それに加えて私が心配するのは、クマガイソウの存在によって保たれてきた自然のバランスに狂いが生じるかもしれない、ということです。

クマガイソウという一つの植物が、人間の勝手な都合でなくなることは、人間の横暴であり、決して許されません。自然のバランスの狂いと、ある種の生き物の絶滅を何とも感じない人の心が拡散すれば、それが地球全体の自然破壊につながりかねない、と私たちは考えるべきなのです。

クマガイソウなどの野生のランについて、私にはやるべき二つの目標があります。

第1の目標は、クマガイソウなどの野生のランを復活させること。すでにランの栽培に取り組んでいますが、ランの生育に適した本来の自然環境を取り戻すことを目指しています。

第2の目標は、ラン菌との共生関係を研究し、その成果をラン栽培に応用することです。ランの種子は、自然状態では共生するラン菌から栄養をもらって発芽します。ラン菌との共生の研究が進めば、ラン栽培の進歩につながるでしょう。

クマガイソウなどのランの花には、桜やバラなどとは違った神秘的な美しさがあります。神秘的な美しさといえば、何といっても宇宙です。私も夜空の星を眺めては、物思いにふけることがあります。

「無限に広がる宇宙にあって、人間は何とちっぽけな存在なんだろう」

私の想像力は、宇宙のはてまで広がり、宇宙誕生の瞬間までさかのぼっていきます。

そんな時、何かが頭の中でひらめきます。

「動物の本能は、どうやってできたのだろう？」

本能とは、動物が生まれついて持っている能力です。私はスッポンを育てていますが、スッポンの赤ん坊は卵からかえると、すぐに水に入って泳ぎだします。動物には先祖から受け継がれてきた本能があり、だれかに教わらなくても、本能に基づいて行動するのです。

無数の星の瞬きを目の奥で感じていたら、こんな宇宙の物語が浮かんできました。無数の星が発している光などの波動が地球に達し、動物に働きかけて本能を出現させたというストーリーです。

動物の本能にとどまらず地球上の生命は、宇宙からの賜物なのかもしれません。

※探査機「はやぶさ2」が、2020年12月に地球に持ち帰った小惑星「リュウグウ」の砂から、このほどアミノ酸が確認されました。地球の生命の起源の解明につながる可能性があるといわれます。

17　ボス猿とサツマイモ（2021・8・11）

山人畑のある里山辺りを縄張りにするサルの群れを率いているボス猿を、私は三太《さんた》と呼んでいます。

腕力よりも知恵を使うタイプのリーダーのようで、今日も森のどこかで私の行動を観察しているに違いありません。

私はサツマイモを収穫する前に、試掘をして芋の育ち具合を確かめます。

この日のサツマイモは、一つの株に五つの芋がなっていました。

「そろそろ、いい頃だな」

やや小ぶりですが、走りのサツマイモと言って、旅館のお客様にも好評です。

「今晩はしっかり準備をして、明日の朝から収穫することにしよう」

私は掘ったところを土で埋め戻すと、畑を後にしました。


翌朝、一番に起きて、張り切って畑に向かいました。

「さぁ、やるぞ」

気合を入れて畑に足を踏み入れたものの、たちまちあぜんとしてしまいました。畑のあちこちが掘り起こされ、サツマイモが食い散らかされていたのです。

「サルたちの仕業だな」。荒らされた畑を見て、すぐにピンときました。

動物の食害を防ぐため、畑の周りには電気柵が設置されています。

ところが、体の大きなイノシシなどには効果があっても、身軽なサルは柵を越えられるので、あまり役に立たないこともあるのです。

ボス猿の三太は、畑で試掘をする私の様子を見て、サツマイモが食べ頃になったことに気づき、私が収穫する前にサツマイモを食べてしまったようです。

大事に育てた野菜を、収穫寸前に食い荒らされたのでは、苦労が無駄になるのでたまったものではありません。

野菜づくりの農家にとっては死活問題です。私も地元の「道の駅」などで野菜を販売しているので、農家の辛さが身に染みてわかりました。

サルによる食害が今後も続くのなら、人間の側もサルへの対抗策をとらざるを得ません。電気柵では足りないので、捕獲用のワナを仕掛けてサルたちを懲らしめてやろう、といった強硬論も出てきます。サルたちが畑を荒らせば荒らすほど、サルたちを見る人間の目は厳しくなっていきます。

険悪な雰囲気が広がる中、三太は毎日、仲間のサルたちを連れ、餌を求めて森の中を動き回っています。森に餌が少ないのか、近頃は人里に下りてきて、畑を荒らすことが増えてきたようです。

人間の方も、サルたちの横暴を黙って見過ごすわけにはいきません。農家それぞれが防衛策を強めています。

長年、ボス猿を務める三太は、人間の動きを注意深く見つめ、知恵を使って群れを守っているのです。

サルたちは生きるのに必死です。山人畑を舞台にしたサルとの知恵比べは、いつまで続くのか？　どうすれば、人間とサルは共存できるのでしょうか？

サツマイモを荒らされてから、雨が降らない、夏の暑い日が続きました。私は「無事に育ってくれよ」と思いを込めて、再びサツマイモの苗を畑に植えました。今は7月下旬なので、秋にはサツマイモの収穫ができるでしょう。

畑を荒らされて以来、サツマイモの様子をじっくり観察するようになりました。その結果、わかったことがあります。

サツマイモはたくましくて、頼りがいのある野菜だということです。苗を土に差すと、肥料をやらなくても、新芽を出して成長を始めます。原産地が熱帯の中央アメリカのため寒さには弱いのですが、暑さや乾燥には強く、病気や害虫にも丈夫です。

栄養価が高く、厳しい環境でも育つサツマイモがあったから、日本人は江戸時代の飢饉以来、戦争中や戦後の食糧難にも耐えられたと言われています。

人間の歴史に貢献しながら、それをひけらかすこともなく、黙々と成長していくサツマイモの姿を見ていると、私はじわりと感動するのです。

私の行動を見つめているボス猿の三太も、サツマイモはサルにとっても欠かせない食料だと気づいたのでしょう。

だけど、サルたちに荒らされても、私はあきらめません！　畑を荒らされても、知恵を使って、サツマイモを育てようと思います。あきらめたら、そこで終わりです。あきらめることなく、サツマイモのように逆境にあっても黙々と生きるのです。生きる上で大切なのは、あきらめないこと。私はそれをサツマイモから教わりました。

私は今、70代半ばです。人間としては高齢者かもしれませんが、自然豊かな里山では、まだ若僧で、知らないことばかりです。そんな私に、自然は時に温かく時に厳しい態度で、自然界の真理を教えてくれるのです。

18　AIに足りないもの（2021・8・14）

延期されていた東京オリンピックが、いよいよ始まりました。

ところが、天気予報によると、台風8号が房総半島に向かって接近しているそうです。

近頃は気候変動の影響で、台風などによる大規模な自然災害が増えてきました。房総半島では、2019年に台風による大雨と強風で大きな被害が発生したばかりです。台風への備えを決して疎かにしてはなりません。オリンピックの開催に支障がないことを祈ります。

かつての天気予報は当たらないことも多く、学校の運動会など屋外で行う行事は当日になるまで天候がどうなるか、気をもんだものです。最近の天気予報は情報がきめ細かくなり、しかも正確になりました。旅館にしろ、畑仕事にしろ、天候とは切っても切れない仕事をしているので、天気予報には大変お世話になっています。

実は今度の台風接近の天気予報には期待もしているのです。日照り続きで乾き切った畑に、久しぶりに恵みの雨が降りそうだからです。天気予報の台風情報をもとに、台風が房総半島に最も接近する日の2日前にサツマイモの苗を植えることにしました。

サルの群れに食い荒らされたサツマイモなので、今度はしっかり育てたい。雨で粘土質の畑がぬかるむ前に苗を植えた方が、作業もしやすく育ちもよいと判断したのです。

こうした判断ができるのも、天気予報が正確になってきたからです。

何か事業をやろうと思ったら、正確な将来予測が必要になります。

農業でも旅館経営でも原理は同じこと。大切なのは、正確な予測に基づいて、やるべきことをきちんとやることなのです。

ＡＩ（人工知能）の発達などによって、予測する技術はさらに進歩していくことでしょう。

そのように考える一方で、私は高度な科学技術に裏付けられた予測だけでは、足りないものがあると感じています。

くり返して言わなければならないと思うのは、今、私が何よりも心配しているのは、地球環境の将来です。

「このままでは地球温暖化は手遅れになる」

温暖化によって、地球環境が悪化し、多くの自然が失われるという厳しい予測がなされ、世界の科学者や若者らが懸命に警鐘を鳴らしています。17色で彩られたＳＤＧｓ（持続可能な開発目標）のバッジを胸につけている人も目に付きます。

それなのに国際社会の足並みはそろわず、地球環境を保護しようという動きは鈍いように見えます。地球全体で見ると、地球環境への警鐘がいま一つ人の心に響いていないように思うのです。地球環境を守るには、科学技術だけでは何かが欠けているようです。

では、いったい何が欠けているのでしょうか？　ありふれた言葉に聞こえるかもしれませんが、私は自然を愛する心だと思うのです。自然を愛する心がなければ、自然が絶体絶命の危機にあっても、だれも必死に守ろうとはしません。「自然なんて、自分とは関係ない」と思う心があるからです。

だから、人の心に自然を愛する心の種をまき、大切に育てようと思います。

これからも私は自然と共に生き、自然から学んだことを、未来を担う子どもたちに伝えていこうと思うのです。

第3章　美しい地球を未来へ

1　桜のつぼみのサッちゃんとみの虫ぼうや（2019・6・9）

モミジの葉がほんのり赤く色づき始めました。養老渓谷は今、最も輝く季節を迎えています。対照的に春の主役、桜はすっかり葉が散っています。これから来年の春を迎える準備を始めるのでしょう。

桜の木の枝先では、みの虫たちが冷たい風に揺られて、いかにも寒そうです。よく見ると、みの虫に木の皮を食べられた跡が白くなっています。枝という枝がすっかり食べられています。

それもそのはずです。みの虫たちが桜の木のいたる所にいるのです。こんなにたくさんのみの虫に皮を食べられたのでは、桜の木もたまるまい。私は心配になり、桜の木に向かって、「来年は花が咲くのかい」と尋ねました。

桜の木は、「みの虫に皮を食べられて、栄養が枝先まで届かない。このままでは木が枯れてしまいます」と弱々しく答えるのでした。

その言葉を聞いて、手を伸ばして枝にぶら下がるみの虫を捕ってみましたが、数が多過ぎて、すぐにあきらめました。


しばらく茫然としていたら、女の子の悲しそうな声が聞こえました。

女の子はどこにいるの？

桜の木の枝先についている小さな冬芽が必死に訴えかけてきました。

「私は桜のつぼみのサチ子」

「今はまだ小さな芽だけれど、少しずつふくらんで、春にはきれいな花を咲かせるの」

「でもね、山人さん。何とかしてくださいよ……」

つぼみの女の子は涙を浮かべながら言うのです。

「つぼみのサッちゃんか。どうしたんだい」

私はサッちゃんのことが心配になって、尋ねました。

「みの虫は自分たちのことだけを思って、桜の木の皮を全部はいで、食べようとしているんです。このままでは木が弱ってしまい、花を咲かせることができません。どうか、助けてください」

みの虫に木の葉や皮を食べられて被害に遭うことは聞いたことがありますが、こんなにたくさんのみの虫を見るのは初めてでした。

私は何とかしなければと思い、みの虫たちに向かってきつい口調で言いました。

「おい、みの虫よ。かわいそうに、サッちゃんが泣いているぞ」

「いくら桜の木の皮がうまいからといって、皮を全部はぎとったら、桜が枯れてしまうじゃないか。蓑《みの》をつくれなくなって、冬を越せずに困るのはおまえたちなんだぞ」

「サッちゃんたちのことも考えて、ちょっとは遠慮をしたらどうだ」

「自分だけがよければという考えはまちがっている。生き物たちが共に生きていくには、相手を思いやる気持ちが必要なんだよ」

サッちゃんがあまりにも気の毒で、つい言葉に力が入ってしまいました。

みの虫たちはみんな、蓑の中に隠れています。

私の顔は見えなくても、私の声が聞こえないはずはあるまい。

みの虫たちを厳しく叱ったのは、自分たちだけがよければという考え方がいけないからです。ほかの生き物たちと共に生きていくためには、相手を思いやる気持ちが必要です。

では、どうすればよいのでしょうか。私、山人流のやり方はこうです。

相手のことを思い、自分を満腹にせず、まずは8分目ほどで我慢すること。そこから互いの信頼が芽生え、共に生きる関係になるのです。その延長には、野蛮な争いのない平和な世界も見えてきます。

これに対して、自分の欲求を満たすことにしか歓びを感じない生き方は、欲求を増大させ、自然の調和を壊してしまうのです。食べ過ぎは体のバランスを崩して病気になり、石油・石炭など化石燃料の使い過ぎは自然のバランスを崩し、気候変動や自然災害をもたらすのです。

みの虫も自分たちだけで生きているのではありません。桜が元気だから、みの虫も元気なのです。生き物たちは互いに支え合って生きているのです。

私の思いはみの虫たちに伝わったのだろうか。そう思っていたら、元気な男の子の声が聞こえました。

「そうだよね、ぼくたちだけでは生きられないよね」

みの虫ぼうやが蓑から顔を出して、私に話しかけたのです。

「ぼくたちは桜の木の皮をたくさん食べて元気に育ってきた。でも、皮を食べ過ぎて桜が枯れてしまったら、困るのはぼくたちなんだよね」

「そのことをぼくたちはよくわかっていなかった。サッちゃんたちには本当に悪いことをしちゃった。ごめんね、サッちゃん」

みの虫ぼうやが蓑から頭を出して謝ると、泣き顔だったサッちゃんもにこっとほほ笑みまし

ました。

「みの虫ぼうやはガの幼虫で、子どもだと思っていたが、とても素直だし、ものわかりもいい」

私はみの虫ぼうやを頼もしく思いました。

「ごめんね、サッちゃん」「ごめんね、サッちゃん」

みの虫ぼうやの話を聞いていたほかのみの虫たちも蓑から出した頭を次々と下げて、サッちゃんに謝りました。

風は吹いていないのに、たくさんのみの虫が桜の木の枝にぶら下がって、ゆらゆらと揺れています。

その光景を見ていたら、私の胸が熱くなってきました。

「みんな、いいやつじゃないか。みの虫を害虫呼ばわりして毛嫌いする人間もいるが、それはその生き物のよさに人間がまだ気づいてないだけなんだ」


その時、みの虫ぼうやが厳しい言い方で、私に話しかけたのです。

「ぼくたちみの虫がこんなにたくさん増えたのは、実は山人さんのせいなんですよ」

「6月頃、『桜よ、元気になれ』と言って、山人さんは肥料をたくさんやったでしょう。それで、桜の木が栄養をとり過ぎたんですよ」

みの虫ぼうやの説明によると、秋から冬に肥料を与えても桜の木に問題は起きないし、みの虫も発生しません。

　ところが、初夏に肥料をやると桜の木は栄養をとり過ぎて、皮に栄養がたまるため、みの虫たちが食べに集まってきます。みの虫たちは桜の木から甘い汁を吸い、皮を食べてしまうのです。

「こういうことを過ぎたるは及ばざるがごとしと言うんだ、とミノガのおじさんが教えてくれました」

　みの虫ぼうやは、最後にそう言って話しを終えました。私は黙ってうなずくしかありません。

　桜のつぼみのサッちゃんが私に助けを求めたのは、春にたくさんの花を咲かせて、みんなを喜ばせるためでした。

　ところが、私が初夏に肥料をやり過ぎたことが、みの虫を大量発生させて、桜の木を弱らせてしまった原因だったようです。

　夏の初めに見た時、桜の木に元気がなく、葉も黄色がかっていました。このため、私は栄養をつけてやろうと油糠を多めにやったのです。それがめぐりめぐって、樹液を甘くし、皮をおいしくしたのです。

「サッちゃん、ごめんなさい。私がいけなかった」

「みの虫たちよ、ごめんなさい。さっきは厳しいことを言って……。私の不注意がなければ、おまえたちが悪者みたいにならなくてすんだのだ」

私は心からサッちゃんに謝ると、すぐにみの虫たちに深々と頭を下げました。

植物は繊細な生き物です。肥料を与える時期が遅過ぎたり、多くやり過ぎたりすると、効果がないどころか、かえって病気になったり、虫たちの絶好の餌になったりするのです。肥料は与える量とタイミングが肝心なのです。

私は山奥に住み、「滝見山人」を名乗っていますが、自然の前ではまだまだ無知で未熟者です。肥料のことは勉強不足でした。大いに反省しなければなりません。

2　桜のサッちゃんとおしゃべりピー子（2019・7・31）

4月になり、養老渓谷の里山にもようやく春が来ました。

暖かい日差しを受けて、桜のつぼみもふくらみ始めたそうです。

そう言えば、桜のつぼみのサッちゃんは今頃、どうしているのだろう。

去年、夏の初めに「元気になれよ」と桜の木に肥料を多めにやったら、みの虫が大量に発生し、木の皮や葉をすっかり食べられてしまいました。

「これではつぼみまで栄養が来ない。花を咲かせられないわ……」

そう言って、しくしく泣いていたサッちゃんを思い出したのです。

「サッちゃん、元気でいるかい？」

早速、里山に訪ねていくと、淡いピンク色のつぼみが大きくふくらんでいました。

「あら山人さん、お元気でしたか？」

サッちゃんは私を見るなり、懐かしそうに話し始めました。

「これから私、きれいな花を咲かせるんですよ。山人さんが喜んでくれる顔が早く見たいなあ」

「残念だけど、みの虫に皮を食べられた枝のつぼみは、ほとんど枯れてしまったの。私は運がよかったのね……」

サッちゃんの顔が一瞬、曇りました。しかし、すぐに気を取り直して話しを続けました。

「山人さん。私ね、枯れた枝先から新たな芽を出すように頑張るわ。来年の話をしたら鬼に笑われると言うけれど、来年の春にはきれいな桜をいっぱいに咲かせるから、楽しみにしていてね」

そよ風のようなサッちゃんの言葉を聞いていると、私まで爽やかな気持ちになるから不思議です。

「サッちゃん、余計なことかもしれないけど、今年はご馳走の肥料をやらなくてもいいのかい？」

私は遠慮がちに尋ねました。

「去年の肥料がまだ効いています。肥料をやり過ぎたから、みの虫たちに葉っぱだけでなく、枝の皮まで食べられてしまいました。今年は、ご馳走は要りません」

余程こたえたのでしょう。サッちゃんにきっぱり断られてしまいました。

その言葉に私は「山人を名乗っているくせに、去年は桜やみの虫に申し訳ないことをした。こんな失敗はもう二度としないぞ」と思うのでした。


サッちゃんの桜は苗木を植えて4年ほど。若くて成長が早く、私の背丈の2倍ほどの高さがあります。

桜の幹や枝を見て驚きました。桜の木にみの虫がたくさんいるのです。

「みの虫がこんなにいたら、また皮や葉っぱを食べられてしまうじゃないか！」

私はあわててみの虫を取り除きましたが、数が多くて手に負えません。私の手が届かないところにもみの虫はいるようです。

でも、どういうわけか、サッちゃんはみの虫のことをあまり気にしていないのです。

どうしてなのだろう？

「サッちゃん、みの虫がたくさんいるけど、心配ないのかい？」

私が尋ねると、サッちゃんが答えました。

「桜の木が葉を広げれば、みの虫が食べるでしょう。でも、ある程度は仕方ありません。互いに支え合うことで、みんなが生きていけるのです」

サッちゃんの言葉に、みの虫たちが蓑から顔を出してうなずいています。

1匹のみの虫が前に進み出て、私とサッちゃんを見て話し始めました。少し低くなったようですが、声に聞き覚えがあります。

「だれだろう？　あっ、思い出した。みの虫ぼうやだね。大きくなったなあ」

私は懐かしくて、つい声が大きくなりました。

「山人さん、声が大きすぎますよ」

みの虫ぼうやは耳をふさぎながら話しました。

「サッちゃんもお久しぶり。去年は本当にごめんなさい」

「葉っぱや木の皮がおいしくて、ぼくたちがむしゃむしゃと食べてしまった」

「あんな失敗はもう二度としません。ぼくたちみの虫も分をわきまえます」

もともと利発そうなみの虫ぼうやだが、冬の間、蓑の中でよく勉強したのだろう。話し方も内容もしっかりしています。

私は思わず、言いました。

「うん、君の言う通りだよ」

サッちゃんが続いて話しました。

「自然の中で生きるということは、桜に害をもたらすみの虫とも共に生きることだと思うの」

「みの虫も子孫を残そうと、桜の木の皮や葉を食べて一生懸命生きている」

「そのみの虫たちを、今度はヒヨドリが食べます。ヒヨドリは花が咲くと、蜜を吸いに来て、桜が実を結ぶために大切な役割を果たしてくれます」

「冬は花が咲かず、実もありません。餌がなくて困ったヒヨドリが遠くへ行ってしまったら……。私たち桜の花はそれが心配なのです。でも、みの虫がいて、ヒヨドリの餌になることで、私たち桜も共に生きているのです」

生き物たちの共に生きる関係について、私はこう考えます。相手のことを思い、自分を満腹にせず、8分目で我慢します。そこから互いの信頼が芽生え、共に生きるという関係が生まれると思うのです。

だから、私はサッちゃんの考え方に賛成です！


日増しに春めいてきました。サッちゃんの桜の木でも数輪の花が咲き始めました。みの虫の被害から生き残ったつぼみたちが、気品があふれる花を咲かせています。

桜のつぼみのサッちゃんは今、美しい桜の花のサッちゃんになったのです。

すると、桜の木に1羽のヒヨドリがとまりました。

ピー、ピーと盛んに鳴いています。仲間を呼んでいるようにも、サッちゃんに話しかけているようにも聞こえます。

私はすぐに、「おしゃべりピー子」と名前を付けました。

おしゃべりピー子がピー、ピーとしきりに鳴いています。

おそらくサッちゃんが咲かせた花の蜜を吸いに来たのでしょう。

サッちゃんがピー子に何か話しかけました。耳を澄ませて聞いてみました。

「ピー子ちゃん、花の蜜はおいしいですか？　蜜が足りなければ、桜の木にみの虫がいるから、みの虫もちょっと食べてくださいな」

サッちゃんは、生き物たちが互いに支え合うことで、自然は成り立っているのよ、と話しているようです。

おしゃべりピー子が答えました。

「サッちゃん、ありがとう。寒かった冬、食べ物がなくて、おなかがすいて、とてもつらかったの。でも、ここに来たら、みの虫がいたので、それを食べて命をつなぐことができました」

「ここの生き物たちの皆さんは私の命の恩人です。何か困ったことがあれば、言ってください。私にできることなら何でもやりますよ」

サッちゃんはにっこりほほ笑むと、ピー子に丁寧に説明しました。

「去年は山人さんが桜の木に肥料をたくさんやりすぎて、みの虫が大発生したの。今年はそんな失敗をしないから、みの虫が増えすぎることはないわ」

「みの虫がいなくなると、困る生き物もいるのよ。だからみの虫も一緒に暮らせるようにみんなで知恵を絞りましょう。ピー子ちゃんもお願いしますね」

ピー子はうなずくと、サッちゃんの桜の木から飛び立ちました。

その時、空中のピー子が地上に向かって言いました。

「サッちゃん、来年はお土産にたくさんの花粉を贈りますからね。ピー、ピー」

サッちゃんも空に向かって、精いっぱい声を発しました。

「ピー子ちゃん、来年はもっともっと甘い蜜が出る花を咲かせるから、楽しみにしていてね」

「ありがとう、サッちゃん。仲間のヒヨドリにも知らせるわ」

「ありがとう、ピー子ちゃん」

「ありがとう、サッちゃん」

サッちゃんとピー子の声が大空にこだまします。サッちゃんは、遠ざかるピー子の姿をしばらく見つめていました。

いつの間にか、西の空が夕日に赤く染まっていました。


来年の春はサッちゃんたちが頑張って、きれいな花をいっぱい咲かせてくれるでしょう。

おしゃべりピー子も桜の花の成長を楽しみにしています。

来年はどんな花が咲き、どんな実がなるのだろう。

私、山人のまぶたの奥には、桜の花に包まれ、ヒヨドリたちがさえずる美しい里山の風景が広がっています。

3　ピー子、精いっぱいやりなさい!（2020・12・15）

6月になってまもなく養老渓谷の里山も梅雨入りしました。それから毎日のように雨の日が続いています。

「いつになったら雨がやむのかしら」

花から実になる桜のサッちゃんは、新緑の葉で雨をよけながらため息をつきました。

「早く太陽が顔を出してくれないかなあ」

いつも元気なみの虫ぼうやも蓑《みの》の中からうらめしそうに雨雲を見上げています。

雨降りの日を重ねながら、7月も20日が過ぎました。こう雨が降り続くと、野菜の育ち具合が心配になります。

夕方、雨が上がったので、私は急ぎ足で山人畑に向かいました。

残念ながら長雨の影響が畑のあちこちで見られました。せっかく植えたナスの苗は腐り、トマトの苗は黒ずんでいます。

野菜の惨状を目の当たりにして、太陽のありがたさを身に染みて感じました。

あるお年寄りの農家は、「長年、農業をやってきたが、これほどの長雨は初めてだ」とあきれ顔です。「このままでは、お米もとれなくなる」と心配する声が、農家の間でささやかれ始めたと言います。

「泣き面に蜂」にならなければと思うのですが、天気予報は「台風が接近するので注意を」と呼びかけています。

しかし、人間がどんなに頑張っても、天気は人間の思いどおりにならないのです。


畑での仕事を終えて、私はサッちゃんに会いにいきました。

「おーい、サッちゃん。長雨で太陽が出てこないけど、どうしているの?」

私が尋ねると、サッちゃんは「毎日、空を見上げては、太陽さんに『お願い、早く出てきて!』って祈っているのよ」と答えました。

春は天気もよくて、桜の花も葉も順調だったのですが、近頃は雨続きで桜の木もちょっと元気がありません。

植物は太陽の光を利用して養分のでんぷんをつくります。皆さんも学校で習った光合成です。

植物に太陽の光は欠かせません。さらに植物がつくるでんぷんを栄養とする私たち人間も、太陽からはあり余る恩恵を受けているのです。

「日光が当たらないと、桜の木が弱って、虫の被害にも冬の寒さにも耐えられないわ」

「いつになったら梅雨が明けるのかしら？　本当に心配だわ」

サッちゃんは顔を曇らせました。


長雨は里山の生き物たちにどんな影響をもたらしているのでしょうか？

そんな心配から私は里山の様子を見て回ることにしました。

ある日、里山をめぐる山道を歩いていたら、急に雨脚が強くなってきました。

道端に生えていた大きな木の根元に腰を下ろして雨宿りをすることにしました。

初めはザー、ザーという大きな雨音しか聞こえません。しばらくして雨が弱くなると、森の奥からいろいろな野鳥の声が聞こえてきました。

耳を澄ましていたら、「ピー、ピー。山人さん、山人さん」と、私を呼ぶ声が聞こえました。

「だれだい？」

声がする方を見ると、モミジの木の枝に、何とヒヨドリのおしゃべりピー子がいるのです。

「ピー子じゃないか、どうしたんだい？　桜のサッちゃんと別れた後、どこか遠くへ行ったと思っていたよ」

私がそう言うと、ピー子はかしこまって話し始めました。

「あれから、いろいろありました。遠くへ行こうと思っていたのだけど、素敵な彼と出会って結婚し、この里山に戻ってきて巣をつくり、かわいい赤ちゃんが生まれました」

「ほーっ、それはよかった。結婚も、赤ちゃんも、おめでとう！」

私はピー子が話すのをさえぎって、お祝いの気持ちを伝えました。

ところが、ピー子は喜ぶどころか、とてもつらそうな顔になったのです。

「子どもができて、私たち夫婦は本当に幸せでした。でも、幸せはすぐに終わってしまって……」

「雨降りばかりで餌になる森の植物や虫たちが育ちません。4羽いた赤ちゃんも食べ物がなくて1羽だけになってしまったの……」

ピー子は大粒の涙を浮かべると、もう言葉にはなりません。

「頑張るんだよ、ピー子。やまない雨なんて、ないんだから」

「もうすぐ雨は上がり、必ず太陽が私たちを照らしてくれるから」

「困ったら、遠慮なく山人のところに来るんだよ」

私はピー子を励ましました。

「ありがとう、山人さん」

ピー子はそう言うと、涙をぬぐって森の奥へと飛んでいきました。

太陽は本当にありがたい存在です。私がつくる野菜も森の生き物たちも、太陽の恵みを受けて育ちます。日本人はもちろん、世界の人びとは、はるか昔から太陽の恵みに感謝し、太陽をあがめてきたのです。

「山人さん。助けて……」

太陽のことを考えながら里山を歩いていたら、野ネズミのチュー太の弱々しい声が聞こえました。

「チュー太、どうした？」

チュー太は青ざめた顔で話しました。

「畑の虫を食べたら、急におなか痛くなって。どんどん痛くなるので困っていたら、山人さんを見かけて、助けを求めたんです」

チュー太と会うのは、去年の秋に落花生を収穫した時以来です。その時と比べて、チュー太はずっとやせて見えました。

今年の落花生は、長雨の影響で根が腐り、思うようには実がなりませんでした。チュー太は食べるものがなくて、運悪く病気の虫を食べてしまい、おなかを壊したようです。

「落花生の根は腐るし、虫は病気になるし。安心して食べられるものがなければ、僕なんかますますやせちゃいますよ」とチュー太がこぼしました。

私は腹痛に効く薬草を取り出してチュー太に飲ませると、「安心なさい。一晩寝れば腹痛は治まるから」と言って、里山を下っていきました。

長雨の影響で森には餌がなくなったようです。

サルたちは食害防止の電気柵を乗り越えて、山人畑からサツマイモや夏野菜を手当たり次第に盗んでいきます。許し難い話ですが、サルたちの気の毒な事情もわかるだけに山人の心が痛みます。

サルたちを監視していたら、「ピー、ピー」というヒヨドリの声が聞こえました。

畑の脇にあるモミジの枝に、ピー子が1羽でぽつんととまっています。ピー子は私と目が合うと、涙声で言いました。

「森には餌がなくて、みんなが困っています。夫と私は、子どものために夜が明けて日が沈むまで、餌を探しに飛び回っているので、体は疲れてボロボロです。でも、やめるわけにはいきません……」

いつもの年なら、今頃は害虫から野菜を守る時期なのに、今年は野菜の害虫だけでなく、人に迷惑なブユや蚊さえもほとんど見かけません。

「ピー子、これからどうするんだい？」

「私たち夫婦だけでは何もできないので、ヒヨドリの仲間たちと相談しようと思っているんです」

「そうだな。みんなで話し合えば、いい知恵が出てくるかもしれんな」

そうは言ったものの、自分の言葉に確信がありませんでした。

納得がいかなった私は、自分の思いを正直に伝えることが、結局はピー子のためになると考え、本当の思いを打ち明けました。

「ピー子は母親として、本当によく頑張っている」

「それでも自然が相手だと、私たちの力ではどうにもならないこともある。とてもつらいことだが、そのことは常に胸にとどめておいてほしい」

「必死にわが子を守ろうとするピー子の姿は素晴らしい。どんなにつらくても、精いっぱいやりなさい」

私は、ピー子の目を見つめて話しました。

「山人さん、ありがとうございました。精いっぱいやってみようと思います」

そう言い残すと、ピー子はゆっくり羽ばたきました。私の言葉がピー子の胸に届いたのかどうか。それは私にはわかりません。

4　ピー子と不思議な鳥（2020・10・29）

今日も雨がしとしと降っています。

夏の日差しを期待しながら畑に来ましたが、空をおおう厚い雲からは、一条の光さえ漏れてくる気配はありません。

「こう雨ばかりじゃ、野菜も育たんよ。仕方ないな、雑草でも抜くとするか」

重たい足取りで畑に向かうと、頭の上から私を呼ぶ声がしました。

「山人さん、大変、大変！」

「大変、大変！」

息せき切った声がする方向を見上げました。

「何だ、モミちゃんじゃないか」

声の主は、モミジの葉っぱのモミちゃんでした。畑の脇のモミジの木に生えるかわいい葉っぱの女の子です。

でも、なぜだかとても落ち着かない様子です。

「そんなにあわてちゃって、どうしたんだい？」

私の話が終わらないうちに、モミちゃんが話し出しました。

「見て、見て、あそこ。葉っぱが小山みたいに盛り上がっているでしょ？」

「ふむ」

一息ついて、私は目を向けました。

「鳥さんが倒れていたの。山人さんの知り合いの鳥さんじゃないかしら？」

モミちゃんが心配そうに言いました。

私は葉っぱの小山の方へ急いで駆け寄りました。

葉っぱを取り除くと、1羽のヒヨドリがぐったりして倒れていました。

「おい、ピー子じゃないか！」

私はあわてて声をかけました。倒れていたのは、桜のサッちゃんと仲良しのピー子です。


ピー子と会ったのは3日前でした。疲れ切った様子で森の奥へ飛んでいくのを見送ったのが、最後に見た姿でした。

ピー子は優しい夫と力を合わせて、4羽のヒナを育てていました。巣の中はいつもヒナたちの笑顔があふれていたそうです。

しかし、幸せは長くは続きません。長雨の影響で森に餌がなくなってしまったからです。それでもヒヨドリの夫婦は餌を求めて森の中を必死に飛び回りました。

しかし、餌は見つからず、ヒナたちは日に日にやせていき、とうとう1羽になってしまったのです。

別れ際、私はピー子に「精いっぱいやりなさい」と声をかけました。

ピー子は、残った1羽のヒナのために、その後も力をふり絞って、餌を探し回っていたに違いありません。


そのピー子が今、私の目の前にいます。かたく目を閉じて、ぴくりともしません。

「生きているのかな……」

茫然と立ち尽くす私に、モミちゃんが声をかけました。

「死んじゃいないわ。かなり弱っているけど、生きているわ！」

体に触れると、確かにぬくもりがあります。

「ずぶぬれで倒れていた鳥さんに、モミジの葉っぱをたくさんかけてあげたの。体を冷やさないようにって」

「赤ちゃんのためにも生きてほしいの。山人さん、ピー子さんを助けてあげて！」

モミちゃんが泣きながら私に頼むのです。

「体を温めてあげよう」

私はピー子を手のひらに載せて、山人小屋に運びました。孵卵器に横たえると、かちっとスイッチを入れました。

ブーン。孵卵器が音を立てて動き出しました。25度に温度を設定し、しばらく様子を見てから山人小屋を離れました。

翌朝一番に駆けつけると、ピー子は静かに眠っていました。

「ピー子、おはよう。元気かい？」

私が言葉をかけても、やつれた表情のまま、反応はありません。

1時間、2時間、そして、3時間が経過した頃です。

「ごほ、ごほ」

2度ほどせき込んだピー子の目がわずかに開いたのです。その目で私を見ると、弱々しい声で話しました。

「ありがとう、山人さん……」

「モミちゃんにも、『ありがとう』って……」

ピー子が言葉を続けようとするのを、私がさえぎりました。

「お礼はいいから静かにお休み。早く元気になるんだよ」


ピー子を世話する日々が続きました。

ピー子を鳥かごに移してわが家に連れて帰り、ピー子の変化に気がつくように寝室の隣の部屋の窓辺に置きました。

ピー子は起き上がろうとしましたが、体力がなくて、すぐにしゃがみ込んでしまいます。

そうこうするうちに長かった梅雨は明け、日差しが戻ってきました。

私はヒヨドリが好物にしている花や果物、イモ虫などを里山からとってきて与えましたが、ほとんど口をつけようとしません。

「餌を食べないと、元気にならないよ」

私がそう言うと、ピー子は悪いと思って、

「山人さん、ごめんなさい。本当にごめんなさい……」と謝るのでした。

ピー子はなかなか元気になりません。ピー子が落ち着くようにと、餌を与える時以外、私は鳥かごに近寄らないことにしました。

鳥かごを日差しが当たらない位置に動かし、爽やかな風が吹き込むように、窓はいつも少しだけ開けておきます。

夏の日が降り注ぐようになりました。山人畑の野菜も元気を取り戻したようです。

夕方、畑仕事を終えてわが家に戻ると、最初に鳥かごにいるピー子の様子を確かめました。

そんな日々が1週間ほど続きました。

夕方、畑から戻り、いつものようにピー子の様子を見に行きました。ピー子は鳥かごの隅でうずくまるように眠っていました。

「おや？」

器の中の餌のイモ虫がかなり減っています。食欲が出てきたのかな？　そう言えば、ピー子が前よりはふっくらして見えます。

私が見ているのに気づいたのか、ピー子が目を覚ましました。

「あっ、ごめん。起こしちゃったね」

私があわてて部屋から出ようとすると、ピー子が言いました。

「山人さんや皆さんのおかげで、だいぶ元気になったみたい」

ピー子はうれしそうに言うと、両足で立ち、両方の翼を広げて見せたのです。

「ピー子、すごいぞ！　元気になったね」

私もうれしくて、言葉に力がこもります。

ピー子は夫や子どものことが心配でたまらず、一刻も早く家族のもとに帰ろうと思っていました。

その気持ちを思い切って、私に伝えたのです。

「突然のことで驚かれると思いますが、こうして山人さんにお礼が言えたので、明日の朝、森に帰ろうと思います」

「えっ！」

予期せぬピー子の言葉に、私はただただ驚くばかりでした。

私は、ピー子がもっと元気にならなければ、厳しい自然の中では生きていけないと考えていたからです。

「ピー子が早く戻れることを、私も望んでいる。でも、体調はまだ戻っていない。中途半端な状態で家族のところに戻ったら、ご主人や赤ちゃんがかえって苦労する。もう少し、ここで様子を見た方がいい」

私は自分の考えを伝えると、その場を離れようとしました。

「山人さん、待って。まだ話があるの……」

私はピー子の言葉をふり切って部屋を出ました。

ピー子が元気になってきたのはうれしいのですが、急な回復ぶりがどこか不自然に感じました。

本当に元気になったのか？　早く家族の元に戻ろうと、元気なふりをしているのではないのか？

「皆さんのおかげで」という言葉も気になりました。私以外にピー子を世話する者がいることになるのだけど、そんなことはあり得ないのです。


その晩、天の川が夜空をうっすらとミルク色に染めました。

「明日もいい天気になりそうだ。畑仕事が忙しくなるぞ！」

ピー子の元気そうな姿を思い浮かべながら、私は眠りにつきました。

それから何時間、経過したのでしょう。

カチャ、カチャ。何か物音がしたような気がして、目が覚めました。

家の中は暗く、その後はそうした音は聞こえてきません。

「何だ、気のせいか」と思い、まぶたを閉じました。

すると、再び音が聞こえました。

カチャ、カチャ。カチャ、カチャ。

金属に物が当たるような音です。今度はさっきより長く聞こえました。鳥かごのある隣の部屋から聞こえてくるようです。

何だろう？　ネズミが出てきたのか？　ピー子が危ない！

心配になって、隣の部屋を見にいくことにしました。

ドアをわずかに開けると、まばゆい青い光がこちらに差し込んできました。私は右手を目にかざしながら、部屋にしのび込みました。

青いまばゆい光は、鳥かごの方から発せられていたのです。鳥かごの外に黒っぽい生き物がいるようだが、いったい何だろう？

まばゆさに徐々に慣れた目で見ると、黒っぽい生き物の正体は、尾羽のとても長い鳥のようです。この辺りでは、こんな姿の鳥を見たことがありません。

ピー子もかごの外にいて、その鳥から口移しで何かをもらっています。

「こらっ、ピー子に何をするんだ！」

私は我慢ができず、大声を上げてしまいました。

でも、黒っぽい鳥は動じません。私の方をちらっと見ただけで、すぐにピー子に向かって話しかけました。

「さあ、行きましょう。私の後ろについて、飛んでください」

「どなたか存じませんが、お世話になります。私を夫と子どもが待つ森に連れていってください」

ピー子はそう言うと、あの鳥の後を追って、開いている窓から暗い空へと飛び立ちました。

あの鳥の周りだけがスポットライトに当たっているように明るく輝いています。遠ざかるピー子を、私は黙ったまま見つめていました。

「ありがとう、山人さん」

「ごめんなさい、山人さん……」

爽やかな空気を伝わって、ピー子の透き通った声が聞こえました。

まもなく、しらじらと夜が明け始めました。

ピー子のいない鳥かごを見ては目頭が熱くなり、ピー子が飛んでいった森の方を眺めては胸が痛みました。

その時です。かわいらしい声が私の心を呼び覚ましました。

「山人さん、ぼーっとしていないで、しっかりしてよ！」

モミジの葉っぱのモミちゃんが、笑顔いっぱいで話しかけてきました。

「私ね、爽やかな風に乗って飛んできたの。ピー子さんが元気になったのは、山人さんのお手柄よ。だから、元気出してね！」

それだけ言うと、モミちゃんは風に乗って里山の森に帰っていきました。

「モミちゃん、いい子だな。ありがとうよ」

私は目頭が熱くなるのを、何とかこらえました。

それにしてもピー子を連れ出したあの鳥はだれなのだろう？　どうやってピー子を元気にしたのだろう？

不思議なあの鳥のことが、私は気になって仕方ありませんでした。

5　カワセミとサンコウチョウ（2021・1・28）

ヒヨドリのピー子が不思議な鳥に導かれて、家族が待つ森へ帰っていきました。

自分で確かめたわけではありませんが、森の情報通が「そんな話を聞いたよ」と教えてくれたのです。

栄養不足でぐったりしていたピー子が、自分の力で飛ぶことができたのだから、喜んであげるべきなのでしょう。

でも、本当に元気になったのか、厳しい自然に耐えられるのかがわからないので、とても心配です。

私はピー子に会って確かめようと思い、朝一番で森に向かいました。


ピー子は巣に戻って家族と一緒にいるはずです。では、巣はどこにあるのだろう？　ピー子が倒れているのを真っ先に教えてくれたのは、モミジの葉っぱのモミちゃんでした。モミちゃんなら、何か手がかりを知っているかもしれない。そう思って、最初にモミちゃんに会いにいきました。

太陽が山の向こうから顔をのぞかせ、森の中を明るく照らし始めています。

山人畑の脇のモミジの木の根元に着くと、私は「モミちゃん、いるかい？」と大きな声で呼びかけました。

「むにゃ、むにゃ。あー、眠い、眠い」

モミちゃんは眠そうな顔をして出てくると、大あくびをしながら言いました。

「山人さん、こんなに朝早くどうしたの？」

私は、昨日の夜、ピー子が不思議な鳥と一緒に森の方へ飛んでいったことを伝えると、モミちゃんに尋ねました。

「ピー子が元気かどうか、会って確かめたいんだ。ピー子たちの巣がどこにあるのか、知ってたら教えてほしい」

真剣な私の顔を見て、お寝坊さんのモミちゃんの目が覚めたようです。

「わかったわ。森に張りめぐらされたモミジのネットワークを使って調べるから、ちょっと待っててね」

「すまんな。よろしく頼むよ」。私はモミちゃんにお願いしました。


ざわざわ、ざわざわ……。

モミちゃんが話しかけると、同じモミジの木に生えているすべての葉っぱが一斉に揺れ始めました。少し間を置いて、隣のモミジの木の葉っぱも揺れ出し、さらにその隣のモミジの木へと、まるで大観衆がウエーブするように葉っぱの波が、森の奥へと伝わっていったのです。

ざわざわ、ざわざわ。

ざわざわ、ざわざわ。

1時間ほどモミちゃんがいるモミジの木の根元に腰かけていると、今度は葉っぱがウエーブする揺れが次第に近づいてきました。

最後にモミちゃんのモミジの揺れが終わると、モミちゃんのうれしそうな声が聞こえてきました。

「山人さん、おまちどうさま。ピー子さんの巣のある場所がわかったわ」

「どこだい？」

「ピー子さんの巣は、ここから1キロほど東にある里山のクヌギの木にあるそうよ。もの知りモミジのモミじいさんの話だからまちがいないわ」

それを聞くと、私はすぐに里山の森に向かって駆け出しました。

「ピー子の巣はどこかな？」

モミちゃんから教わった里山の森に着くと、大きな木を見上げて巣を探しました。しかし、緑の葉が茂っていて、なかなか見つかりません。

「ピー子、いるかい？　返事をしておくれ」

私は大きな声で何度も呼びかけましたが、ピー子の返事はありません。

「モミちゃんの話がまちがっているのかもしれんな」

そう思った瞬間、頭の上から穏やかな声がしました。

「あんたが山人さんか。ピー子さんの巣なら、あそこに生えているクヌギの木にあるよ。でも、子育てに忙しくて、山人さんが訪ねてきたのに気づかないんだよ」

見上げると、年齢を重ねたモミジの木がにこにことほほ笑んでいます。

「モミじいさんだね。いろいろお世話になります。ピー子が私に気づくまで、ここで待つことにしましょう」

「うん、それがいい。ピー子さんは頑張っているから、心配ないよ」

モミじいさんの言葉を聞いて、私は安心しました。


「山人さん、山人さん」

ぼんやりしていた私を呼ぶ声がします。

「あっ、ピー子。元気そうだね」

私がうれしそうに言うと、ピー子が言いました。

「ごめんなさい、山人さん。子どもが心配で、急いで巣に戻ったの。家族と一緒に山人さんにお礼を言おうと思っていたのだけれど、子どもの世話が忙しくて……」

「いいんだよ、そんなこと。ピー子が元気でいてくれれば、私はうれしいんだ。それで、家族は元気かい？」

「みんな、元気よ。子どもは食べ盛りで、大忙しなの」

「それはよかった」

私はその言葉をくり返しました。

「一つ聞きたいんだが、ピー子を元気にしてくれたあの不思議な鳥はだれなんだい？」

「とても優しい鳥だったけど、実は私もよく知らないの」

その言葉を聞いて私が考え込むと、ピー子が言いました。

「ごめんなさい、子どもが呼んでいるわ、もう帰らなくちゃ。次は私からご挨拶にうかがいます。山人さん、ありがとう。さようなら」

ピー子は急いで巣に戻りました。

ピー子の元気な姿が見られて、私はほっとしました。

「でも、あの鳥はいったいどういう鳥なのだろう？」

「モミじいさんなら、あの鳥のことを知っているかもしれないな」

モミじいさんの木に行ったら、すやすやお昼寝中でした。

「おーい、モミじいさん。せっかくお休みのところすまないが、ちょっと教えてくれないかなあ」

眠そうな目をしたモミじいさんに、私が見たあの鳥のことを話すと、モミじいさんはこんな話をしてくれました。

「その姿ならサンコウチョウでまちがいなかろう。夏前に南の国から来る渡り鳥で、私も何度か見たことはあるが、知り合いはいないねえ」

モミじいさんによると、サンコウチョウは子育てのため南の国から渡ってくる夏鳥です。体は黒っぽく、くちばしと目の周りがコバルト色。オスには長い尾があり、熱帯の鳥を思わせます。鳴き声が「ツキ(月)、ヒ(日)、ホシ(星)、ホイ、ホイ、ホイ」と聞こえるので、「三光(月、日、星)鳥」の名が付いたと言われています。

私は長年、養老渓谷辺りの森を歩いてきましたが、サンコウチョウを見たことがありません。暗がりで見た姿やモミじいさんから聞いた話もあって、あの時、ピー子を助けてくれた鳥が、私にもサンコウチョウだと思えてきました。

もう一度あの鳥に会って、ピー子を元気にしてくれたお礼を言い、さらになぜピー子を助けてくれたのか、どうやってピー子を治したのか、いろいろ話したくて、あの鳥を探すことにしました。

夏の終わり頃のこと。私は養老渓谷周辺の森を歩いていて、2羽の黒っぽい鳥がスギの木にいるのに気がつきました。

「やっと見つけたぞ。サンコウチョウだ。尾の長い方がオスだな」

サンコウチョウが逃げないことを願いながら、大きな声で呼びかけました。

「おーい、サンコウチョウ。私は養老渓谷の里山で暮らしている……」

私が名乗るよりも前に、オスのサンコウチョウが話し始めたのです。

「山人さんですね。あなたのことは知っています。自然や生き物を大切にする人だって、森の生き物たちが言っていました」

サンコウチョウからそう言われて、私も悪い気はしません。

「でも、私は大したことをした覚えはないよ」

私はそう言うと、サンコウチョウに尋ねました。

「どうして、君たちはわざわざ南の国からやってきて、この森で子育てをするのかな？　渡ってくる途中にワシやタカに襲われて命を落とす仲間もいるだろうに」

一拍置いて、サンコウチョウが答えました。

「この辺りの森には多少の危険を冒してでも、やってくる価値があるんですよ」

「私たちの先祖はそのことを知って、親から子へと伝えてきました。先祖からの教えは本能のように、私たちの心と体にしみ込んでいるんです」

初めて聞くサンコウチョウの話が新鮮に感じられました。

「この森がそんなに素晴らしいとは知らなかった。どうやって子育てをしているのか、少し教えてくれんかな？」

私がそう言うと、サンコウチョウは急に困った顔になりました。

「ごめんなさい。先祖からの言い伝えのことは、絶対に秘密なんです」

「栄養に富んだ特別な水でもあるのかな？」

私はさりげなく尋ねましたが、サンコウチョウは「ごめんなさい」とくり返すばかりです。

口をすべらせたと、後悔しているようです。

「すまん、すまん。大事な言い伝えを聞く方がいかんのだ」

私はすぐに謝りました。

サンコウチョウがピー子を助けてくれたことを確かめて、直接、お礼を言うつもりでしたが、サンコウチョウの口が急にかたくなったので、ピー子を助けてくれたことを聞き出せなくなってしまいました。

「残念ですが、そろそろ失礼します。子どもたちが待っているので、巣に帰らなくては」

サンコウチョウの夫婦は落ち着かない様子で、「さようなら」と言うと、森の奥へと飛んでいきました。


数日後、私は森の中を歩いていました。子育てのために養老渓谷辺りの森に来るというサンコウチョウの言葉が、頭から離れなかったのです。

「素晴らしい環境とは、どういうことなんだろう？」

「ピー子をどうやって元気にしたんだろう？」

9月に入っても残暑が続いていました。

額から汗が噴き出します。ぬれたタオルでまぶたを押さえると、水の流れる音が聞こえてきました。茂みの向こうに小さな滝があり、私は流れ落ちる水を両手ですくい、2度、3度と顔を洗いました。

「気持ちよさそうだね、山人さん」

だれかが話しかけてきました。

声の主は滝のそばの木にとまっていたきれいな翡翠色のカワセミでした。

「何だ、セミ丸じゃないか。久しぶりだなあ、元気かい？」

セミ丸と最後に会ったのはいつだったか。思い返してみましたが、思い出せません。

短い沈黙の後で、セミ丸の方から、「小魚が全然とれなくて、栄養失調だったんですよ」と話し始めました。

「それはいかんな。でも、今は元気なんだろ？」

私がそう言うと、セミ丸は「見たことのない鳥のおかげで元気になったので、もう大丈夫だよ」と言い、不思議な鳥に助けてもらったことを話しました。


セミ丸の話はこんな内容でした。

今年は梅雨が長く、雨の日が続きました。セミ丸が魚をとる川は濁った水があふれ、魚がとれなくなりました。

ほかの川や沼にも行きましたが、どこも魚がとれず、みるみるやせてしまったのです。

ある日、木の上から川を見つめていたら、小さな水しぶきが上がりました。

「魚だ！」

セミ丸はほとんど反射的に川に飛び込みました。

しかし、水が濁っていて何も見えません。水から出て飛ぼうとしましたが、流れが速く、弱っていたセミ丸はあっという間に流されてしまいました。

気がついたら、水際に倒れていました。まん丸の月が夜空で明るく輝いています。体が重たく、まったく力が入りません。次第に意識が薄れていきました。

それから、どのくらい時間が経ったのでしょう。耳元で話しかける声が聞こえました。

「目を覚まして。しっかりして」

まぶたを開くと、目の前に見たことのない鳥がいました。目の周りとくちばしがコバルト色で、尾がとても長い鳥でした。

その鳥が口移しで水を飲ませてくれました。普通の水ではなく、甘酸っぱい味がしました。

何だか力が湧いてきて、何とか土手の茂みまで飛び、身を隠すことができました。

不思議な鳥は翌日も来て、昨日の甘酸っぱい水を飲ませてくれました。体全体にエネルギーが広がっていくようです。

「もう大丈夫ですね」

不思議な鳥はそう言い残して、月が輝く方向へ飛んでいきました。

セミ丸を助けた鳥もサンコウチョウのようです。

しかし、その鳥がサンコウチョウであることを、私はセミ丸には伝えませんでした。サンコウチョウがセミ丸を助けたことを認めるかどうか、わからなかったからです。

一方で、ピー子もセミ丸も助けてもらったと思うと、サンコウチョウに感謝の気持ちを伝えなければ、との思いが私の中でますます強くなりました。

6　サンコウチョウと森の仲間たち（2021・2・8）

不思議な鳥が目の前に現れて以来、私はその鳥をずっと追いかけています。

ヒヨドリのピー子も、カワセミのセミ丸も食べ物がなくて死にそうなほど弱っていたところを、その鳥に助けてもらいました。どちらも不思議な水を飲ませてもらって、元気になったのです。

その鳥は、目の周りやくちばしがコバルト色で尾が長かったと言います。

森一番の物知りであるモミジのモミじいさんの話を聞き、私もサンコウチョウではないか、と思うようになりました。

その後、森の中でサンコウチョウに出会った時、この森で子育てをしている話を聞きました。

しかし、サンコウチョウは「先祖からの言い伝えは絶対に秘密」と言って、私の質問に答えてくれません。不思議な水を飲ませてピー子を助けたことも認めないと思い、私も尋ねなかったのです。

私にとって、ピー子もセミ丸も大切な森の仲間です。そんな彼らの命を救ってもらったことは、感謝しても感謝しきれません。

「何としても、サンコウチョウに感謝の気持ちを伝えよう」と私は思い直しました。

家族や先祖のことを大切に思うサンコウチョウなら、仲間を大切にする私の気持ちを理解してくれると思えたのです。

サンコウチョウとの再会を求めて、森を歩きました。

モミじいさんが教えてくれたチバニアンの地層辺りの森は、何か気配がないかと特に注意を払いました。

そんな日が1週間ほど続きました。

太陽が西の空に傾いています。子どもの頃から野山を歩いて鍛えた自慢の足も、朝から歩きどおしなので、疲れて棒のようです。

私は立ち止まり、ふーっと、大きくため息をつきました。

「今日もだめか……」

山道の脇にある岩の上に腰を下ろし、残り少ない水筒の水を飲み干しました。目を閉じ、中指と人さし指でまぶたを押すと、吹き抜ける風が心地よく、遠くの方からカラスの声が聞こえてきます。

突然、雨がぽつんと降ってきました。いつの間にか、うとうと眠っていたようです。辺りはだいぶ暗くなっていました。

「雨が強くならないうちに、急いで帰らなくては」

リュックから懐中電灯を取り出し、速足で歩き始めました。

「はー、はーっ」

少し息が荒くなってきました。

ぬかるみ始めた山道を歩くのは神経をすり減らします。何度か足を滑らせ、転びそうになりました。

「この程度のことで、山人が負けるわけにはいかん。さあ、頑張ろう」

自分にそう言い聞かせて、坂道を下りました。

その時です。私は道を踏み外し、急な斜面を転げ落ちたのです。

ざ、ざーっ。

ずる、ずるーっ。

ざぶん、どぼーん。

あっと言う間に水に落ちました。深くて、足が底につきません。水の勢いにのまれ、転がりながら流されています。体がふわーっと宙に浮きました。

「滝だ。滝を落ちている……」

もう何が何だか、わかりません。


何時間、経ったのでしょう。だれかに呼ばれたような気がしました。

目を開けると、雲間から月が見え隠れしています。私はずぶぬれで、地面に横になっていました。声がした方に視線を送ると、目の周りとくちばしがコバルト色で、尾の長い鳥がいます。

「山人さん、気がつきましたね」

穏やかな声が聞こえました。以前、森の中で会ったことのあるサンコウチョウでした。

体が重たく、あちこちが痛みます。

私は、ゆっくり立ち上がると、「ありがとう。私を助けてくれたんだね」とお礼を言いました。

サンコウチョウは黙ってうなずきました。

「実は君に聞きたいことがあるんだ。正直に答えてくれないか」

「ピー子とセミ丸を不思議な水を飲ませて助けてくれたのは、やっぱり君なんだね？」

自分も助けられたこともあって、私は思いきって尋ねました。

サンコウチョウは表情を変えず、黙っています。

目を見つめながら、私は言いました。

「大切な仲間を助けてくれたお礼を言わないのは、心苦しいことなんだ。君を探して、毎日、森を歩いていたら、今度は私まで助けてもらって……」

話していると息が詰まり、「ごほっ」とせき込みました。

サンコウチョウは、「山人さん、無理をしてはいけません。しばらく休んでいてください」と、心配そうに言いました。

「そうはいかんよ」

声が大きくなりました。

「君がピー子とセミ丸を助けてくれたことを確かめないと……」

「ごほ、ごほっ」

せき込んでも、話し続けました。

「先祖や家族のことを大切に思うのなら、仲間を大切に思う私の気持ちもわかってもらえるはずだ」

私の言葉を、サンコウチョウは目を閉じて聞いています。

「素直に感謝することが、みんなが平和で仲良く暮らす上で、一番大切なことなんだ。だから、どうしても感謝の気持ちを君に伝えたいんだ」

「秘密はだれにも話さない。約束する。信じてほしい」

私は話し終えると、力が抜けて、その場にしゃがみ込んでしまいました。

しばらく、無言の時間が続きました。

サンコウチョウの心に、変化が起きているようです。

「山人さん、不思議な水を持ってきますから、ここで待っていてください。あの水を飲めば、ピー子さんやセミ丸君のように元気になりますよ」

サンコウチョウは、にこっとしてそう言うと、力強い羽音を残し、森の奥へと飛んでいきました。

私の思いがサンコウチョウの心に届いたのです。


東の空が白んできました。

サンコウチョウが木の器に入れて、不思議な水を運んできてくれたました。

「すまんなぁ」

私はそう言って、水を飲みました。すると痛みがすーっと消え、ぬくもりが体全体に広がっていきます。

「すごい。これが不思議な水なのか。この水のことは絶対に黙っているよ」

「山人さん、約束ですよ。不思議な水のことが知られたら、すぐに大勢の人や生き物たちが集まってきて、水がなくなってしまいます。そうなったら、私たちはこの森で子育てすることができなくなるんです」

サンコウチョウはかしこまって言いました。

「私の名前は月男《つきお》、妻は星子《ほしこ》です。これからは名前で呼んでください」

「月男と星子か。夫婦そろって、いい名前だ。よろしく頼むよ」

コケコッコー。夜明けを告げる雄鶏の声が、遠くから聞こえてきまし。

私は月男に言いました。

「サンコウチョウの生き方は、本当に勉強になる。これからもいろいろ教えてほしい」

「とんでもない。私の方こそ、山人さんに学ばなければ、と思っているんですよ」

再会を約束して、私は月男と別れ、家路につきました。心も体も軽かったことは言うまでもありません。


数日、体を休めてから、私はヒヨドリのピー子に会いに森へでかけました。

この間はピー子に会えたけれど、子育てが忙しくて落ち着いて話せなかったからです。

「ピー、ピー」

ピー子の家族の巣がある木の下に着くと、頭の上から元気な声が聞こえてきた。

「山人さん、こっちよ、こっち」

声の方を向くと、空中でピー子が羽ばたいています。

「ピー子、元気そうだね」

「おかげさまで、とっても元気よ。これから虫をとってくるところなの」

弾んだ声が返ってきました。

「お母さん、おいしい虫をいっぱいとってきてね」

ヒナが巣から身を乗り出して、ピー子を見つめています。

梅雨の頃は餌がなくて苦労したけど、今は森に餌がたくさんあります。

ヒナも順調に育っているようです。

「子どもも元気そうだ。もうすぐ巣立ちかな？」

「もうひと頑張りだわ。こうして子育てできるのも山人さんや、助けてくれた不思議な鳥さんのおかげだわ」

幸せそうなピー子を見ていると、私もうれしくなってきます。

「あの鳥さんにお礼を言わなければならないんだけど。山人さん、あの鳥さんのこと、何か知っていますか？」

ピー子の質問に私は答えました。

「南の国から来たサンコウチョウという渡り鳥で、今は子育てで忙しそうだ。ピー子のことは、私からきちんとお礼を言ったから大丈夫だよ」

そこにオスのヒヨドリが帰ってきました。

「夫のピー太です。ピー子を助けてくれて、ありがとうございます」

ピー子と並んで一緒に頭を下げました。

「仲のいい夫婦だな。子どものためにも頑張ってくれよ。じゃあ、私は行くとするか」

私はゆっくりと歩き出しました。

「山人さん、さようなら。また来てね」

かわいらしいヒナの声が、私を送ってくれました。


それから数日が過ぎました。

私はサンコウチョウの月男に会うため、チバニアンの地層辺りの森を歩いていました。

昼とはいえ薄暗い森の中を茶色い虫が飛んでいます。

黒っぽい鳥が音もなく飛んできて、飛んでいる虫をパクっと捕まえました。

「お見事！」

私は思わず、声を上げました。

「山人さん、こんにちは。よく来てくれました」

月男は虫をのみ込むと、笑顔で挨拶しました。

「この辺は虫がたくさんいるのかい？　梅雨の頃は、どこも虫がいなくて、みんな困っていたが」

「ここもひどかった。ただ、私たちには不思議な水があるんで……」

「あの水は素晴らしいもんなあ。子どもたちも元気なんだろう？」

なぜか、月男は顔を曇らせました。

「あの頃は本当に苦しかった。どうすればいいのかわからず、とても悩みました」

「どういうことだ？　教えてくれないか」

驚いて尋ねる私に、月男は答えました。

「不思議な水のことは、先祖からの言い伝えで、秘密にしなければなりません。でも、餌がなくて、みんなが苦しんでいるのに、私たちはあの水のおかげで元気でいられる。そんなことがあって、いいのでしょうか？」

月男は厳しい表情で話します。

「ピー子さんは必死に餌を探し回って、とうとう倒れてしまった」

「必死に生きているピー子さんを見ていたら、自分たちさえよければいい、という考え方はまちがっていると思えてきたのです」

「先祖代々の秘密は守らなければならない。でも、多くの生き物が苦しんでいる」

「悩んだ末に考えたのが、苦しんでいる生き物をこっそり助けて、不思議な水の秘密も守ることでした」

「もっと多くの命を救うべきだったのではないか。自分の行動が正しかったのかは、今でもよくわからないのです」

月男は自信さなそうに言いました。

少し間を置いてから、私も話しました。

「何が正解かは、だれにもわからない。月男には、自分がまいた種を大事に育て、きれいな花を咲かせてもらいたい。大切なのは、これからどうするかだよ」

月男は黙ってうなずきました。


「月男に聞きたいことがあるんだ」

私から話しかけました。

「サンコウチョウはツキ(月)、ヒ(日)、ホシ(星)、ホイホイホイと鳴くだろう。あれはどういう意味なんだい?」

今度は月男が答えました。

「あくまで私流の考えですが、月、日、星って、とても大切じゃないですか。私は感謝の気持ちを込めて鳴いています」

「ほー、感謝の気持ちか。もう少し、聞かせてほしい」

「まず太陽から」

月男が説明します。

「太陽の光は生きる力の源です。日差しは植物の成長を促し、植物を糧とする動物を育みます。太陽がなければ、私たちは生きていけません」

「では、星は？」

「渡りの時、白鳥座などの星座が、私たちが目指す方向を導いてくれます。毎晩、夜空を見上げていると、『子どもたちも大きくなった。そろそろ南の国へ帰る時期だよ』と星たちが教えてくれるんです」

「最後に月は？」

「月の光は私たちの心を澄ませ、大事なことに気づかせてくれます。苦しむピー子さんを助けようと決めたのも、雨がやんだ後の月のきれいな夜でした」

月男の考えを聞いて、私はなるほどと思いました。

「月男君の考え方は素晴らしい。そう言えば、私が月男に助けられた時も月が見えていた」

私が思い出していると、月男が言いました。

「澄んだ心って、大切だと思うんです。感謝する心も人を助ける心も、澄んだ心から生まれるからです」

「山人さんにお願いがあります」と、月男が言いました。

「何だね。聞かせてよ」

「詳しいことは言えませんが、実は不思議な水は、この辺りの森の、だれにも気づかれない小さな洞窟で湧き出しています」

不思議な水のことを月男から話し始めたので、私はドキッとしました。

「あの水を飲むと、どうして元気になるんだい？」

「これも私流の解釈ですが」と月男は言いました。

「君の考えなら、そうは的はずれではないだろう。ぜひ聞かせてほしい」

「大昔、この辺りは海底でした。地上にはない海底のパワーが水に融け、地球史に残るほどの長い時間をかけて濃縮され、岩からしみ出している。それが不思議な水の正体だと思うのです」

「ずいぶん、時間のかかる推理だなあ」

「でも、子どもたちを丈夫に育ててくれる貴重な水です」

「確かにそうだ」

「不思議な水が枯渇しないように、山人さんにはこの辺りの森の自然を守ってもらいたいんです」

「サンコウチョウが安心して子育てできるように私も頑張るから、月男も協力してくれよ」

「もちろんですよ」

私と月男の心の絆がしっかりつながりました。

「今の気持ちを、森の仲間にすぐに伝えたいなあ。こういう時に頼りになるのがモミちゃんなんだが、今頃、どうしているんだろう」

そばに生えていたモミジの木を、私は何気なく見つめていました。

するとモミジの葉がざわざわと揺れ始めたのです。森のウエーブが近づいてくるようです。

「ああ。やっぱり」

私が声を出す前に、元気な女の子の声が聞こえてきました。


「山人さ〜ん、私を呼んだでしょう？　サンコウチョウさんは初めてね」

モミジの葉のモミちゃんが息せき切って現れました。

「『モミちゃん、来ておくれ』と心の中で思ったけれど、まさか本当に来てくれるとは思わなかったよ」

私が驚いていると、モミちゃんは「えへん。これがモミジの情報ネットワークの力よ。山人さんのつぶやきを聞いた仲間のモミジが知らせてくれたの。山人さんが長年、こつこつと苗木を植え続けてくれたおかげで、ネットワークができたのよ」

「そうだったのか。お役に立ててうれしいね」

私は続けて言いました。

「雨降りや日照りが続いても困らないよう、みんなの力で森の豊かな自然を守っていきたいんだ。子育てに来るサンコウチョウの月男も協力してくれるそうだ。だから森の仲間たちにも協力してもらいたいんだ」

気の早いモミちゃんは、「わかったわ。私がみんなに伝えるから、ちょっと待っててね」と言うと、モミジのネットワークを使って、森の仲間たちに連絡してくれました。

しばらくすると、ピー、ピーという声が聞こえてきました。

「山人さん、サンコウチョウさん。私も協力するわ」

ヒヨドリのピー子が羽ばたきながら言いました。

「もちろん、ぼくもさ」

カワセミのセミ丸も飛んできました。

いつの間にか、大勢の森の仲間が集まっていました。桜のサッちゃんやみの虫ぼうやの顔もあります。

私は森の仲間たちがつくる輪の真ん中に立ち、「私はこの森を守り、豊かな自然を未来に伝えていきます。皆さんも協力してください」と訴えました。

「もちろん、協力しますよ」

「頑張りましょう」

みんなが口々に言いました。

森の中は希望に満ちた笑顔であふれています。

7　セキレイと山人さん（2021・7・10）

この辺りの竹林では、土の中から顔を出すと思ったら、一夜で1メートルも育つタケノコがとれます。

山人小屋は、山奥にある竹林のそのまた奥にある山人畑の一角に建っています。山人小屋は、私の研究所と倉庫を兼ねています。研究所といっても、野生のランを育てたり、孵卵器でスッポンの卵をかえしたりしたことはありますが、難しい調査や実験をする場所ではありません。もっぱら畑仕事に関わる仕事や農機具の保管場所として利用しています。

春先、山人小屋に珍客が訪ねてきました。セキレイです。尾羽をぴょこぴょこ上下させる愛嬌のある鳥で、おなか辺りが黄色いのでキセキレイだと思います。

そのセキレイが、小屋の出入り口のシャッターと屋根の隙間に巣をつくったのです。私はそばを通る度に、巣の様子を眺めるのを楽しみにしていました。

ある時、耳をこらすと、か細いヒナの鳴き声が聞こえてきました。

その後、ヒナが増えたらしく、親鳥が頻繁に餌を運んでくるようになりました。子育ては順調に進み、しばらくすると、ヒナたちは次々と巣立っていき、そして、巣の中はだれもいなくなりました。

それから2か月ほど経った6月初めのこと。作業用に使っていたテーブルのすぐ前の棚に、何と鳥の巣があるのを見つけました。直径は10センチほど。小さな枯れ枝や枯れ草をかき集めてつくられています。

なかなかの力作だと感心して眺めていたら、セキレイが巣に戻ってきました。シャッターの隙間で子育てをしていたセキレイのようです。

通常、セキレイは年に1回繁殖するのですが、まれに繁殖を年に2回行うことがあるというので、今回はまれな方のようです。

優しい表情のセキレイなので、母親のような気がします。

「セキレイのお母さんかい。春先にこのシャッターの上に巣をつくって、ヒナたちを育てていたね」

「はい、そうです」

母さんセキレイがうれしそうに答えました。

「この間は巣をつくらせてくれて、本当にありがとうございました。おかげで子どもたちは、皆元気に育ってくれました」

「里山は餌が豊富でいいのですが、ヒナを狙う危険な動物もたくさんいます」

「でも、山人さんが見守ってくれたおかげで、安心して子育てすることができました」

「ご迷惑をおかけしますが、しばらくは山人さんのところでお世話になりたいのです」

ヒナを育てる母さんの必死さが伝わってきました。

「餌をとってくるのも大変ですが、恐ろしい動物からわが子を守らなければなりません。どうするのが一番よいのか、といつも考えているのです」

母さんセキレイが考えて出した結論が、最も信頼できる山人さんの力を借りてヒナを育てることだったのです。

「今度は山人さんの小屋の中に勝手に巣をつくってしまい、申し訳ありません。でも、子どもを守るには、山人さんを頼るしかないと思ったんです」

「どうか、よろしくお願いします」

母さんが頭を下げて頼んでいます。


テーブル前の棚にあるセキレイの巣を見ながら、私の作業の邪魔にならなければよいのだが、と思いました。

しかし、人に頼まれると、断れないのが私の性分です。セキレイでも同じこと。しかも相手が子育てに必死な母親となると、断るわけにはいきません。

「わかった。私にできることなら、協力するよ」

「でも、シャッターを開け閉めする音がうるさいし、私が出入りするので落ち着かないと思うけど、いいのかい?」

母さんセキレイはうれしそうに答えました。

「ありがとうございます。私たちは山人さんがいてくれるから、安心なんです」

「この辺にはヘビやカラスがいるけど、山人さんがいてくれれば、そんな動物たちも近寄ってこないでしょう」

「それに山人さんが野菜づくりの夢を持って仕事をしているのを見ていると、私の心も癒されるんです。そんな姿を、ぜひ子どもたちにも見せたくて」

セキレイから信頼されるのは、私もさすがに初めてです。うれしいけど、ちょっと照れくさい気がします。

「それじゃ、私がセキレイに監視されているみたいだな」

私と母さんセキレイの笑顔が同時にはじけました。

すると、表の方でだれかの声がしました。

「母さん、あまりおしゃべりをして、山人さんの仕事の邪魔をしてはいけないよ。そろそろ失礼しましょう」

近くの木の上から見ていた父さんセキレイが声をかけたのです。

「余計なお世話だわ。一言多いのは、お父さんの方よ」

母さんセキレイはぷりぷりして、気まずい雰囲気になりました。

「まあまあ、仲良く、仲良く。これからは夫婦力を合わせて、丈夫な子どもを育てるんだよ。

私も精いっぱい協力させてもらうよ」

年の功というのでしょうか。私の言葉が効いたようです。若い夫婦の顔が和らぎました。

「山人さん、これからもよろしくお願いします！」

セキレイ夫婦はそう言うと、森の奥へと仲良く飛んでいきました。


数日後、巣の中に卵を見つけました。

セキレイの卵を見るのは初めてです。ウズラの卵よりも小さいようです。

初めは1個だったのが少しずつ増えて、母さんセキレイが卵を抱く時間が長くなってきました。

父さんも時々、卵を温めるのを手伝っているようです。


2週間ほどして、山人小屋に変化がありました。

ジャガイモの出荷が始まり、朝早く小屋に来て道の駅への出荷作業をしていると、母さんセキレイが「チッチッ」と鳴きながら、くわえた虫を私に見せるのです。

母さんは虫を示して、何か言いたいようです。

私は「何かあったの？」と思いながら、母さんの動きを目で追いかけました。

母さんが巣に戻ると同時に、巣の中から元気な鳴き声が聞こえてきました。

私は身を乗り出して巣の中をのぞき込みました。裸んぼのヒナたちが口をいっぱいに開けて鳴いています。

1羽、2羽……。数えると、3羽のヒナがいました。巣の中には、孵化する前の卵がまだあるようです。

母さんは餌やりを終えると、すぐにどこかへ飛んでいき、しばらくすると落ち着かない様子で虫をくわえて戻ってきます。

「母さんは、私に留守番をしてもらいたいんだな」

母さんセキレイの様子を見ていて、私はそのように感じました。ヒナが落ち着かないと思って、巣の中をのぞくのを控えていたのですが、この時からはヒナたちの様子を確かめるのが、私の日課になりました。

ヒナを初めて見てから10日余りが経ちました。

私は顔を近づけて、巣の中をのぞきました。ヒナは5羽に増えていました。みんな、元気に鳴いています。中には羽ばたく真似をしているヒナもいます。

外から戻ってきた母さんセキレイも、私がヒナを見ていると安心するようです。

それから5日後、ひと仕事を終えて、ヒナたちの成長を楽しみに巣の中をのぞくと、すでにもぬけの殻でした。どうやら巣立ちをしたようです。

私は急いで表に出て、周囲を注意深く見回しました。耳を澄ませると、サツマイモ畑の方からヒナの声が聞こえたような気がしました。

サツマイモ畑の方へ歩いていくと、サツマイモの苗の間から1羽のヒナが飛び立ちました。懸命に羽ばたいているように見えますが、なかなか高く上がりません。低空飛行のまま飛んでいき、突然、ストンと落ちるように地面に降りました。母さんセキレイが後を追いかけて、そばからヒナの様子を注意深く見守っています。

しかし、それも束の間でした。母さんは竹やぶの方へ、あわてて飛んでいったのです。私の耳には聞こえなかったのですが、竹やぶにいたヒナが鳴いて、母さんを呼んだようです。

母さんは竹やぶに着くと、すぐにやぶの奥へと姿を消しました。おなかをすかせたヒナたちに餌をやりながら、ヒナたちが独り立ちするまで、ヘビやカラスなどの恐ろしい敵から守らなければなりません。

巣立ちの前も、休む間もなく働いていた母さんセキレイでしたが、巣立ち後も相変わらず大忙しのようです。

健気にヒナを育てる母さんを見ていると、うれしくなります。子育てをするのにふさわしい場所として、この里山を選んでくれたからです。

山人畑を含むこの里山には、豊かな自然があり、森や水辺にはセキレイの餌となる虫などがたくさんいます。

農薬を使わないため、畑には雑草が茂り、野菜を食べる虫が集まってきます。畑の脇につくったスッポンのためのため池には、ここの環境が気に入ったらしく、いつの間にかカエルやイモリがすみつくようになりました。

こうした自然環境を見て、母さんは子育てに向いていると経験的にわかったのでしょう。

梅雨は雨がよく降ります。畑の雑草はこの時とばかりに、ぐんぐん伸びていきます。

私は農薬や化学肥料を使わないようにしています。そんな自然農法をたやすいことと考えている人もおられるようですが、それは誤解です。

畑の雑草を1本1本抜いても、梅雨の時期は、すぐに新しい芽が出てくるので、とても追いつきません。毎日、草取りをするだけで、一日が終わってしまいます。

それに加えて野菜を食べる虫たちがたくさん集まってくると、なす術がないとあきらめたくなることもあります。

こんな時、私の援軍になってくれるのが、害虫を食べるカマキリなどの昆虫やスズメなどの野鳥たちです。

今年の一番の助っ人は、母さんセキレイです。

母さんは生きるためのさまざまな知恵を持っています。厳しい自然を生きる中で、失敗を含めて多くの経験をし、そこから多くのことを学んだのです。

こんなことがありました。

私が畑で雑草をとっていた時のことです。母さんが飛んできて、しゃがんでいる私のすぐそばに降りました。

私が雑草を抜きながら少しずつ前へ進むと、母さんは私のすぐ後ろをついてきます。私が動くと周りの雑草が揺れて、驚いた虫たちが飛び出します。母さんはその虫たちを、素早く捕まえるのです。

追いかけ回してもなかなか捕まらなかった虫たちが、こうすれば容易に捕まえられることを、母さんは失敗の経験から学んだのです。

母さんセキレイが畑の害虫をたくさん捕ってくれるので助かります。

母さんが捕った虫たちは、ヒナの餌になります。ヒナたちは虫をたっぷり食べて、すくすくと育っていくのです。

私は母さんに助けられ、母さんは私に助けられている。私と母さんの間にはそんなもちつもたれつの関係ができていたのです。

生き物たちは互いに支え合いながら、はるか大昔から生き続けてきました。そして、動物の親たちは子育てを通じて、自然との関わり方をわが子にしっかり伝えてきました。

餌やりは子どものおなかを満たすだけでなく、生命をつなぐ知恵を親が子どもに伝える大事な時間でもあるのです。

母さんはまだ目も開かないヒナに虫を食べさせることで、丈夫に育つにはどんな餌がよいのか、と教えます。ヒナが巣立ってからは、餌となる虫がいる場所や捕り方を、実際に模範を示して教えているのです。

人間の親たちも子育てを通じて、生きるのに必要なことをわが子にしっかり伝えていかなければなりません。


母さんセキレイのことを考えていたら、自分が失敗した体験が頭の中をよぎりました。

今年は冬の間の里芋の保存がうまくいきませんでした。大きな芋が寒さにやられてしまい、小さな子芋が辛うじて芽を出しただけでした。

里芋はサツマイモと同様、寒さに弱いのです。失敗を通して、私はそのことを痛いほど学びました。

山人畑で農業を本格的に始めて5年ほどになります。丹精込めて育てた野菜を収穫する歓びを何度も体験してきましたが、経験不足による失敗もありました。

何事にも失敗は付き物です。でも、失敗を恐れていては、何も得られません。

失敗には、未来への希望が秘められています。若い人には失敗を恐れずにチャレンジしてもらいたいと思います。

「失敗は成功の母」と言われます。私はこの言葉に、思い切ってチャレンジしなさいという母の励ましと、失敗してもしっかり受けとめてくれる母の優しさを感じるのです。

山人畑で野菜の育ち具合を眺めていたら、母さんセキレイがやってきました。尾羽を上下に振りながら畑の中をしばらく歩くと、よく通る声で一言鳴いて、森の奥へと飛んでいきました。

「山人さん、いつもありがとう」

頼もしい母さんの声が、私にはそう聞こえました。

8　飛び立てセキレイ　生命をつなぐ知恵（2021・7・22）

山人小屋の作業テーブルの前の棚につくられた巣で、セキレイのヒナがかえりました。母さんセキレイが餌をくわえて戻ると、おなかをすかせたヒナたちが一斉に鳴き出します。

失礼して、巣の中をのぞかせてもらうと、5羽のヒナが体を寄せ合っていました。セキレイの母鳥は1個ずつ卵を産み、2週間ほどの抱卵を経て、卵の産まれた順番にヒナがかえるのだそうです。

毎日1個ずつ卵を産み、毎日1羽ずつヒナがかえるとしたら、5羽のヒナがいれば、最初のヒナと最後のヒナの間に4日ほどの差があります。成長が著しいヒナにとって、4日の差は大きいでしょう。先に生まれたヒナが、後から生まれたヒナを押しのけて、餌をたくさん食べてもおかしくありません。

こんな鳥の子育ての話を聞いたことがあります。

同じ鳥類でも、あるワシの仲間は、最初に生まれたヒナが餌を独占し、後から生まれたヒナを攻撃して、死なせてしまうのだそうです。

なぜ、ワシの仲間はそんな残酷とも思える子育てをするのでしょうか。

肉食の場合、草食に比べて餌が少ないのが一般的です。親にとっては、巣立った子どもも縄張りを争うライバルになります。厳しい生存競争を勝ち抜き、確実に子孫を残すためには、限られたヒナだけを確実に育て、その子らに種の未来を託す方が、理にかなったやり方だということなのでしょう。

それでは、セキレイはどのようにヒナを育てているのでしょうか。

母さんセキレイが私を信頼してくれているおかげで、子育ての様子をじっくり観察することができました。

私の印象では、セキレイの親はどのヒナも大切に育てていました。

母さんセキレイの5羽のヒナは、後から生まれたヒナも遅れることなく、ほぼ同じ大きさに見えました。落ちこぼれがないように、後から生まれたヒナに注意を払い、餌を与えているのだと思います。

ワシの仲間とセキレイとでは、子育ての方法がまったく異なりますが、生命をつないできた知恵を生かして種を保存している点では共通しています。

里山で暮らして気づいたのは、動物も植物もあらゆる生き物が知恵を使って、懸命に生き、生命をつないでいるということです。

知恵を使って生きているのは、人間だけだと思っている人もいるようですが、母さんセキレイと付き合っていると、「よく考えているなあ」「たいしたもんだ」と、感心させられることが少なくありません。

どうして人間である私にセキレイの気持ちがわかるのか。逆に、どうしてセキレイに人間の気持ちがわかるのか。そのことを不思議に思う人もおられるでしょう。

私と生き物たちは言葉ではなく、互いに信頼し、心で理解し合っているのです。

ある時、私が仕事をしていると、母さんセキレイが外から帰ってきました。くちばしに虫をくわえています。

私は母さんのしぐさを見て、私に何かを伝えたいのではないかと思い、「どうしたんだい？虫をくわえて」と、つぶやきました

母さんが巣に戻ると、巣の中から「ピーピー」と鳴く可愛らしい声が聞こえてきました。

虫はヒナのための餌だったのです。母さんは「子どもが生まれたのよ」と、教えてくれたのです。

また、ある時、母さんセキレイのかん高い声が、小屋の入り口付近から聞こえました。

いつもより大きな声で、しばらく鳴き続けています。どうやらただ事ではなく、私の助けを求めている、と感じました。

声がする方を見ると、母さんがいました。

いつもの表情とまったく違います。

「危ないので、助けてください」と、訴えているようです。

その声に促されて入り口の方を見に行くと、野良猫が母さんをにらみつけていました。

猫は私と目が合うと、気まずそうに姿を消しました。

「山人さん、ありがとう」

ほっとしたような母さんの声が、お礼を言っていように聞こえました。

こんなこともありました。

保管していたジャガイモが湿らないよう、扇風機で風を当てていました。

そこに母さんセキレイが来て鳴くと、「わあ、涼しい」と言っているように聞こえます。子育てのためにせっせと働く母さんは、扇風機の風に当たって涼んでいるようです。

こうした母さんセキレイの人間のような行動を見て、初めは偶然だろうと思っていました。しかし、偶然にしては頻度が多いので、母さんの知恵のなせる技だと思えてきたのです。ツバメが民家の軒先に巣をつくるのも、人間を利用してカラスなどの外敵からヒナを守ってもらうためだと言われています。

母さんも困ったことなどがあると、私を上手に利用しているようです。「利用」という言葉がよくなければ、私を「頼り」にしている、と言い換えてもいいでしょう。健気に生きる母さんセキレイを見ていると、助けてやりたいという気持ちになるのです。

母さんセキレイは、自分のヒナたちを育てるための知恵を身につけています。そうした母さんの知恵は、人間から教えてもらったものではなく、必死に子育てをする中で、自ら考えて備わったものだと思います。

時が経つのは早いものです。5羽のヒナたちは、みんな大きくなって、元気に巣立っていきました。

その数日後、私が山人小屋の入り口のシャッターを開けると、建物内に入ろうとしていたシマヘビが私の姿を見て、あわてて逃げていきました。シマヘビは優れた嗅覚でヒナたちを襲いにきたのでしょう。

母さんセキレイは、ヘビなどに襲われないために、ヒナたちを少しでも早く巣立ちさせたのです。その努力が実り、シマヘビがヒナのにおいに気づいたのは、ヒナたちが巣立った後でした。

巣が小屋の中にあったから、シマヘビもヒナになかなか気づかなかったのです。巣が森の中だったら、ヒナが襲われる可能性はずっと高かったでしょう。

母さんは私の小屋に巣をつくってヒナたちを無事に育てました。私も母さんに野菜の害虫をとってもらいました。互いに助け合う仲良しの関係になりました。

母さんセキレイは、来年も山人小屋に来て子育てをするだろうか。にぎやかだったヒナたちは今頃、どうしているのだろう。空になった巣を眺めながら、私は楽しかった日々を思い出しています。

9　カラスの一家（2017・10・30）

養老渓谷の日帰り温泉施設「ごりやくの湯」から金神の滝の源流へと上っていくと、私の山人畑があります。落ち葉堆肥で土づくりをしている畑では、キュウリ、ナス、ピーマンなどを収穫し、滝見苑グループの野菜部門を賄っています。

近くの山には竹林があり、今年の春先は約1・5トンのタケノコがとれました。

この畑によく姿を見せるカラスの一家がいます。ヒナが3羽いて、親鳥は子育てに懸命です。私が育てたトマトやキュウリなどをつつくので困っていますが、畑にいる虫もよく食べてくれます。

私はカラスの一家に勝手に名前を付けました。お父さんは三吉、お母さんはマリ、長男がカー吉、二男がカン太、末娘がピョン子です。

この辺りには、かつては田んぼがたくさんありました。田んぼにはカラスの餌となるカエルやオタマジャクシがいっぱいいたので、数家族のカラスが周囲に巣をつくってにぎやかでした。ところが、その後、過疎化が進むと休耕田が次第に増えて、カエルが少なくなり、それにつれてカラスも減っていきました。私の畑にやってくるのは、今では三吉たちの一家だけになってしまったようです。

餌をめぐる競争相手のカラスがいなくても、三吉、マリ夫婦による3羽のヒナたちの餌探しには厳しいものがあるようです。ほかにいい餌場がないためか、毎日のように私の畑に来ては畑の野菜をつついています。

春先に耕運機で畑に畝《うね》をつくり、そこにトマトやキュウリ、ピーマンなどの野菜を作付けしました。

今年は梅雨入りしても雨が降らず、野菜が大きくならなかったのですが、梅雨が終わる頃になって雨が降り、ようやくトマトやキュウリがとれ始めました。

すると、カラスの三吉とマリの夫婦がやってきて、赤くなったトマトをダメにし、大きくなってきたカボチャをつついて腐らせてしまいました。

三吉一家の子育てが大変であることはわかりますが、こちらも必死です。カラスを見かければ厳しく追い払います。

今度はサルが畑に入ってきました。電気柵をめぐらせていますが、竹が伸びて電線に触れ、放電していたのです。サルは柵を乗り越えて畑に入り、玉ねぎやカボチャなどを食べてしまいました。放電に気づいて竹をのぞいてやると、サルは来なくなりました。

アライグマは地面を掘って畑に侵入します。出入りした穴をふさいでも、ほかのところを掘って入ってくるので、防ぎようがありません。どうやればアライグマの被害を防げるのか。知恵比べをしていく覚悟です。

この夏で私は71歳になりました。養老渓谷に移ってきて、半世紀近い歳月が流れました。人里離れた山奥で旅館をゼロから築いてきた私の半生には、なかなか言葉では言い尽くせぬ苦労もありました。

しかし、自然の中で暮らしてきたおかげで、私は自然の恵みに助けられ、そこに生きる動植物たちを自然の中で生かされている大切な仲間だと感じるようになったのです。

畑に行けば、野菜が「暑い、暑い。水をください」「悪い虫を早く退治して！」と話しかけてきます。カラスが大きな木のてっぺんから、「カー、カー」と鳴いて、「野菜を失敬してごめん。山にエサがなくて、子どもたちがおなかをすかせているんだ」と、謝りついでに山の様子を教えてくれることもあります。

でも、私が特別なのではありません。自然に触れながら日々暮らしていると、生き物たちの様子から、彼らが何を思い、何を言いたいのかが、だれでも少しずつわかるようになると思います。

反対に、自然と触れることのない都会などで暮らしをしている人たちの多くは、生き物たちの切実な声が聞こえず、自然環境の変化にもなかなか気がつかないのです。

今、私たち人間は生き物たちの声に気づかなければなりません。それに気づかず、このまま放置してしまったら、温暖化などの地球環境の危機はさらに深まり、取り返しのつかないことになるでしょう。

山奥に住み、生き物たちの様子を間近に見ている山人には、地球の将来が不安に感じられ、心が痛みます。

10　カラスも地球も（2017・11・5）

カラスの三吉、マリ夫婦の家族のその後の様子をお伝えしましょう。

カン吉、カン太、ピョン子の3羽の子どもたちは、孵化して1か月ほどすると、親の後を追って私の山人畑に来るようになりました。

「カー、カー」

「母さん、おなかがすいたよ。早く食べ物をおくれよ」

子どもたちがめいめいに大きな声で訴えます。

長男のカン吉は、一番先に生まれたので体も大きく、当然だという顔をして母親マリのそばにいつもくっついています。

やんちゃな二男のカン太は、お兄ちゃんを押しのけ、大きな口を開けてねだります。マリがついついカン太に食べ物をあげると、カン太はうれしそうに翼を羽ばたかせます。

最後に生まれたピョン子は、いつも遅れがち。でも、頑張り屋のピョン子は懸命にお兄ちゃんたちの後を追いかけています。

父親の三吉は、やや離れたところからかわいい子どもたちの様子をにこやかに見つめると、すぐに険しい顔に戻って餌のありそうな場所を探すのです。


3羽の中で末娘のピョン子は体も小さく、いかにもひ弱に見えます。

この辺りのカラスは、ピョンピョンと跳ねて歩くこともできますが、普通は左右の足を交互に前に出してとことこと歩くようです。カン吉、カン太もそうして歩いています。ただ、ピョン子は普通に歩くことができないらしく、ピョンピョンと跳ねて歩くのです。

なぜ、そうなったのでしょうか。生まれたばかりの大事な時期に栄養が不足し、体が十分に成長できなかったからではないか、と私は思うのです。

ピョンピョン歩きのピョン子は、速く歩くことができません。両親が餌をくわえてくると、お兄ちゃんたちはさっと駆け寄りますが、ピョン子はいつも遅れます。そんなピョン子のことが両親はとても気がかりです。

しかし、おなかをすかせたカン吉やカン太に餌をやらないわけにはいきません。「ピョン子、速くして」と、心の中で思うのですが、最初に近くに来たヒナに餌を与えてしまうのです。

両親はピョン子のことを思いやりながらも、カン吉やカン太の子育てにも決して手を抜くことはありません。

皆さんはそれではピョン子がかわいそうだと思うでしょう。確かにかわいそう。

しかし、自然界では強い者が生き残り、子孫を残すのです。

そうやってあらゆる生き物は命を受け継いできました。それが自然の掟だからです。餌が足りない環境では、ますます自然の掟が厳しくなり、弱いヒナは生きていくことさえ難しいのです。


ピョン子はいつもおなかをすかせていて、やせ細ってしまいました。

でも、体は弱かったけれど、その代わりピョン子は特別に知恵が働きました。幼いながらも自分自身で生きる道を切り開かなければならないと悟り、どうしたら餌を食べられるのかを自分の頭で考えるようになっていったのです。

ある日、私が畑に野菜をとりにいくと、つつかれたトマトがあちこちに散らばっていました。

父親の三吉が、スギの木のてっぺんで「カー、カー」と鳴いています。トマトが食い散らかされていたので、きっと何か言いたいことがあるのでしょう。

先に私の方から怒って言いました。

「三吉よ。子どもたちが生きるためには、野菜を少々食べるくらいは仕方ないとしても、こんなに食い散らかすのはよくないぞ」

するると、三吉は「ピョン子は動きが遅くて、親から餌をもらえないから、かわいそうにいつも腹ぺこなんだ。山人さんの畑には虫がいるので、つい……」と、困った顔で話すのです。

トマトを食い散らかした「犯人」は、どうやらピョン子のようです。

私が「向こうの森なら広いから餌もいっぱいあるだろう。近いのだから、そっちへ行って餌を見つけてこいよ」と言うと、三吉は私に向かって説明を始めました。

「山人さんよ。あそこは手入れが悪い荒れた森で、おらたちの餌なんてないんだよ。昔は下草が生えて虫もいたので、おらもよく行ったけど、今じゃスギやヒノキにおおわれて、下草も生えない。それでおらたちの仲間はみんな、よそへ行ってしまった。山人さんの畑は野菜がよく育ち、たくさんの虫が集まってくるから、おらたちも来てしまうんだよ」

動物たちにとって森は大切な餌場です。人間にとっても、森の重要な働きはいくつもありますが、その中で山人が今、最も大切だと思うのは温室効果ガスの二酸化炭素を吸収する森の働きです。

地球温暖化によって世界各地で激しい気候変動が起こり、大規模な自然災害によって多くの人が犠牲になっていると言われています。

今こそ、森を守り育てるべき時です。持続可能な森づくりの先には、健やかな地球が待っています。

11　ピョン子の決意（2017・11・5）

養老渓谷でもカラスはよく見かけます。都会のカラスが、ゴミ袋を破って生ごみを食い散らかす話をよく耳にしますが、この辺りでもカラスはいたずら者という印象です。畑で悪さをされるのは困りますが、しょっちゅう見かける鳥のせいか、あまり気にかけることはありませんでした。

ただ、今年はカラスの三吉一家が山人畑にやってくるので、いつの間にかじっくりと観察するようになっていました。

きっかけを与えてくれたのが、三吉とマリの3羽の子どもたち、中でも末娘のピョン子です。ピョン子は、両足を交互に動かして歩くことができません。翼を引きずりながら、ピョンピョンと跳ねて歩きます。

しかし、歩くのが遅いので、カン吉、カン太のお兄ちゃんとの競争に負けて、親からなかなか餌をもらえません。兄たちがすくすく成長するのにつれて、ピョン子はますます細くひ弱に見えるのでした。

小さな体で兄たちを懸命に追いかけるピョン子を、私は不憫《ふびん》に思うようになりました。

この前、畑のトマトが食い散らかされていたので、カラスの三吉を怒ると、三吉は「おなかをすかせたピョン子がやってしまったのだ」と申し訳なさそうに言うのでした。

三吉によると、近くにある森はスギやヒノキばかりで下草が生えず、餌になる草の実もなく、虫たちもいません。それで仕方なく、餌が十分にありそうな私の畑に来るというのです。

おなかをすかせたピョン子が、私の畑のトマトを食い散らかしたのは、実は餌のない森にしてしまった人間のせいなのかもしれません。

私は、カラスを怒った自分が恥ずかしくなり、ピョン子を何とかしてやれないものかと思うようになりました。


トマトが食い散らかされた事件から時間が経ち、三吉一家の行動範囲も広がっていったのでしょう。三吉一家を畑で見かけなくなって、間もない頃でした。

朝、山人畑の農作業を終えると、車を30分ほど運転して勝浦のパークゴルフ場に行くのが、私の日課でした。

事務所の窓辺で、私はたくさんのカラスの群れが芝生で餌を探して食べている様子を眺めていました。

すると離れたところに、まるでピョン子のようにピョンピョンと跳ねて歩くカラスがいるのに気がつきました。

ピョンピョンと跳ねて歩く姿は、驚くほどピョン子にそっくりです。

でも、山人畑とパークゴルフ場の間には車で30分ほどの距離があります。体の弱いピョン子がここまで飛んでこられるのでしょうか。初めはカラスの空似だろうと思いました。

ピョン子の姿を思い出しながら見ていると、やせて小柄な体つきや、翼が垂れ下がって見える点はまったく同じです。そのまま見続けているうちに、私はピョン子にまちがいないと思うようになりました。

ではなぜ、ピョン子が遠く離れたパークゴルフ場までやってきたのでしょうか。そこには、家族に迷惑をかけられないというピョン子の決意があったのです。

こんな情景が私の頭の中をよぎりました。ヒナたちがどんどん大きくなって、山人畑辺りでとれる餌だけでは、三吉一家の5羽のカラスが生きていくには餌が足りなくなりました。

「私が一緒にいたら、お兄ちゃんたちも餌を食べられなくなるわ」

そう思ったピョン子は、自分の力で自分の餌を探すのだと、幼いながらも心に決めました。これからは家族と別れるので、自分で餌を探さなければなりません。

「お父さん、お母さん。お世話になりました。お兄ちゃんたちも元気でね」

朝早く、ピョン子は心の中で家族に別れを告げ、星たちがうっすらと残っている空に向かって、力いっぱい羽ばたいたのです。

その後、ピョン子は知らない森の中を心細い思いをしながら一人で飛び続け、何とかパークゴルフ場にたどり着いたのでしょう。途中、広い森がありましたが、餌が乏しかったので通り過ぎたのだと思います。

動物たちが求める森とは、多様な生き物がすむ餌が豊富にある森です。

しかし、現実はスギ、ヒノキの森が多く、しかも、管理する人が不足して荒れた森が少なくありません。

私は森に雑木も植えるべきだと考えます。そうすれば落葉して地面に日光が当たるので下草が生え、動物の餌も豊かになるからです。

そういう森が増えたら、ピョン子も家族と一緒に暮らすことができたのではないでしょうか。

12 ピョン子と良太（2017・10・22）

ピョンピョンカラスのピョン子は、私がいる勝浦のパークゴルフ場に家族と別れて1羽で飛んできました。

家族とすんでいた森は、少し舞い上がれば、風が運んでくる潮の香りがします。初めてかいだ潮の香りに導かれるように、海の方へと飛んでいるうちにパークゴルフ場に着いたのだと思います。

ピョン子は家族と一緒にいた時は、森に食べ物がないので私の山人畑に来ては、真っ赤に色づいたトマトをつついたり、ナスのやわらかいところを食べたりしたほか、土の中のミミズや虫を餌にしていました。

こうした経験から、ピョン子は青々とした芝生や地面の下には虫などがいることを知っていました。

空から遠くを眺めた時、草原のようなパークゴルフ場が目に入り、あそこにはきっと餌があると思って降りてきたのでしょう。

ほかのカラスたちも餌を求めて、ピョン子よりひと足早くここに来ていました。

ピョン子は群れから離れ、いつも1羽で餌を探していました。両足を交互に歩けないのが気になって、ほかのカラスと一緒にいるのを何となく避けていたら、1羽でいるくせがついてしまったようです。

「本当は仲間に入れてもらいたいの……」

ピョン子はそう思っていました。

でも、ほかのカラスみたいに歩くことができず、翼を地面にたらして、ピョンピョン跳ねて歩く自分のことを、「のろまだから、仲間に入れてもらえない」と思い込んでいたのです。子どものピョン子にとって家族と別れての生活は辛いことばかりです。そんな時、思い浮かぶのが優しい母さんのマリの姿でした。

夜、ねぐらの大きなモミの木で寝ていると、母さんが毎晩のように夢の中に現れました。ひな鳥だった頃、父さん、母さんが食べ物を持って巣に戻ってくると。カン吉、カン太の兄ちゃんたちに負けまいと、ピョン子も小さな体から精いっぱい大きな声を出してねだりました。しかし、末っ子のピョン子にまで食べ物が十分にはまわってきません。母さんがピョン子のことを心配していることは痛いほどわかります。でも、自然環境の厳しさは父さん、母さんにもどうにもなりません。賢いピョン子は、幼いながらもそのことがよくわかっていました。

ピョン子は、自分を育ててくれた両親に心から感謝していました。夢の中に両親が出てくるのも、両親を思う気持ちの表れだったのです。

人間の世界でも、ハンディキャップを抱えながら頑張っている人が大勢います。歩き方を気にかけていたピョン子は、「私が生きてこられたのは、本当に父さん、母さんのおかげ。両親のためにも頑張るわ」と、モミの木のねぐらで眠りにつきながらそう思うのでした。

パークゴルフ場には、50羽以上のカラスが群れをつくっていました。その中の1羽のカラスがピョン子の方に飛んでいきました。群れの中の人気者の若い良太でした。人間で言えば、少年から青年になる年頃でしょうか。

良太は海岸近くの出身でした。ふるさとの地域は海風が強いため、飛んでくる砂にまみれたり、目に砂粒が入ったりした時は、翼を使って上手にぬぐいました。海から流れ着いた魚や海岸にいる虫などを食べていましたが、いつもおなかをすかせていたピョン子に比べれば、恵まれていたのかもしれません。

良太は体が大きく、しっかりした考えを持っていました。いつも群れから離れて1羽でいるピョン子を見て、かわいそうだと思っていました。海辺の厳しい環境で育った経験もあり、寂しそうなピョン子の様子を見て、人一倍、気の毒に感じていたのです。

「こんにちは、ぼく、良太です」

良太は、はきはきした声で挨拶をすると、ピョン子のことが知りたくて、次々に質問をしました。

「君の名前は？」

「どこから来たの？」

「どうして来たのかな？」

ピョン子は良太の優しい言葉づかいに、それまでの緊張がほぐれたようです。良太に向かって、安心したように答えました。

「私は、養老渓谷の金神の滝近くの森で暮らす三吉一家のピョン子といいます」

「父さんに聞いた話では、昔はこの辺りにもカラスの家族が多くいたのですが、次第に森に餌がなくなり、今では私たちの家族だけになってしまったそうです」

「父さんも母さんも3羽の子どもを育てるのに必死でした。私は迷惑をかけまいと、家族と別れることにしたのです」

「高く上がったら、潮の香りがしました。初めての体験です。風に乗ってきたのでしょう。潮の香りがする方へ、ひたすら飛んでいったのです」

ピョン子は良太の目を見ながら森の様子を説明し、別れた両親への感謝の気持ちを打ち明けました。


その話をじっと聞いていた良太は、「ピョン子ちゃんは、いつもピョンピョンと跳ねて歩いているけど、どうしてなの?」と、不思議そうに尋ねました。

ピョン子は一瞬、悲しそうな表情を浮かべました。

しかし、良太の目を再び見つめると、はっきりした声で話しました。

「私のふるさとでは、田んぼを耕す人がいなくなり、農業をやめる人が増えました」

「かつての田んぼにはオタマジャクシなどがたくさんいて、それを餌にするカラスの家族もたくさんいました」

「ところが森には餌がなくて、田んぼも姿を消しています」

「私たちの家族は生きるのに精いっぱいでした。末っ子の私は餌も食べられなかったのです」

「栄養不足で体が弱く、ほかのカラスのように歩くことができなくて……」

ピョン子の言葉をさえぎるように、良太が話しました。

「そうだったんだ。ピョン子ちゃんはよく頑張っているよ。まだ子どもなのに、いろいろなことをよく知っているしね」

良太は感心すると、話しを続けました。

「森や田んぼに餌がない。そういう仲間の声はよく聞くよ」

「こんなことがずっと続いたら、いずれは地球から生き物がいなくなるよ」

良太は力を込めて言いました。

「生き物にはそれぞれの役割があり、みんなが支え合って生きている。だからあらゆる生き物に生きている意味がある。人間のためだけの地球ではなく、すべての生き物のための地球であることに、みんなが気づかなければいけないんだ」

ピョン子は、良太の言葉が胸に響くのを感じました。

「生き物のためには、どんぐりなどの実のなる木を森に植えるといいんだけどね」と、良太が言いました。

「でも、どうしたら人間は気づいてくれるのかしら？」

ピョン子がこう話すと、2羽とも黙って考え込んでしまいました。

ピョン子と良太が話しているのを、周りの森に生えている木々たちが、実は静かに聞いていたのです。

2羽のカラスが急に黙ってしまったので、モミジのおじさんが2羽に向かって口火を切りました。

「良太くん、まったくその通りだよ。モミジには四季それぞれに大切な役割がある。春はハチなどの虫たちに花の蜜をやり、種は鳥たちの餌になる。夏に茂った葉は秋に色づき、冬には落ち葉になって、命をつなぐ土にゆっくり変わっていくんだよ」

モミジに続いて、ほかの木々たちが次々と話し出しました。

「森の健康はバランスが大切なんだ。森に生えている樹種が偏ると、病気や害虫の被害を受けやすいというよ」

「人間には目先の利害だけでなく、地球の将来を真剣に考えてもらいたいね。生き物たちの幸せを本気で考えてくれるのなら、ぼくらも一生懸命、応援するよ」

延々と続いていく木々たちの会話に、ピョン子と良太はじっと耳を傾けました。

13　元気に育て、畑のウリ坊（2021・8・10）

5月の中頃、温室内の畑にウリの種をまきました。おいしいウリの漬物をつくるためです。しばらくすると、土の中からやわらかい芽が出て、双葉が生えてきました。

ある時、野菜の育ち具合を眺めていたら、「山人さん」と、私を呼ぶ声がしました。キュウリの葉の陰から、幼いウリの苗が話しかけてきたのです。

温室育ちのせいか、ほっそりしているように見えました。

「おや、ウリの子だね。ウリ坊と呼んでもいいかい？」

「ウリ坊なんて、イノシシの子どもみたいだなあ。もっとかっこいい呼び方がいいんだけど。まあ、よしとするか」

「小さいのに口は達者だなあ。で、どうしたんだい？」

私が尋ねると、ウリ坊は少し怒った顔をして言いました。

「ウリが育つには、水と温度が大切なことは知ってますよね。僕たちの畑は温度の方はいいんだけど、水が足りない。このままでは、僕たちはみんな、枯れちゃいますよ」

「えっ、本当か？」

ウリ坊の言葉に私は驚きました。なぜなら毎日欠かさず、温室の野菜に水やりをしていたからです。

ところが、ウリには水が届いていなかったようです。ウリにも水を与やっていると思っていたのですが、水はキュウリの大きな葉にかかっただけで、陰になっていたウリの方の畑は、土がカラカラに乾いていました。

言われてみれば、隣のキュウリはよく育っているが、ウリはしおれて元気がないように見えます。

私は頭を下げて、ウリ坊に謝りました。

「いやあ、申し訳ない。私がうかつだった。何としても、おまえたちを元気にしてやるから、少し時間をくれないか」

「山人さんが愛情をもって、野菜を育てていることは、みんな、よく知っている。山人さんを信じてるからね」

ウリ坊が浮かべた笑顔が、私は何よりもうれしく思いました。

私はウリが丈夫に育つように考えた末、植える場所を移すことにしました。

「おまえたちを、温室の中のもう少し広いところに移してやるよ。水もあるし、もう少し伸び伸びできる。楽しみにしていておくれ」

ところが、ウリ坊は厳しい口調で言ったのです。

「でもね、山人さん。温室は冬から春にかけては温かくて気持ちがいいんだけど、夏が近づくと暑くなるので、外の方がいいらしい。キュウリのおじさんやおばさんがそう言ってたよ」

私はなるほどと思いました。

温室栽培は冬の寒さを避けるためのものです。しかし、気候が暖かくなったら、屋外で日光や雨を浴びながら育てるのが、野菜の成長にはいいはずです。

私は、「インカの瞳」というジャガイモを収穫した後の畑に、ウリを移すことにしました。

野菜づくりは土づくりからといいます。私はトラクターで畑をよく掘り起こして、土の中に空気を吹き込み、堆肥を入れようと思っています。


トラクターを運転していると、いつもカラスの夫婦が後ろについてきます。

トラクターの動きに驚いて飛び出してきた虫を捕まえては、せっせと巣に運ぶのです。巣にはおなかをすかせたヒナが待っているのでしょう。

カラスの夫婦は毎日、スギの木のてっぺんにとまって、私が来るのを待っています。

この日も私が姿を現すと、「山人さん、おはよう。今日は草取りですか？　トラクターの運転ですか？」と、カー、カー鳴いて、話しかけてきました。

「今日は、トラクターに乗って、畑の掘り起こしさ。温室育ちのウリ坊たちをここの畑に移植してやるんだよ」

「それなら私たちは山人さんの後ろについて、害虫をたくさんとってあげますよ」

母さんカラスがうれしそうに言いました。

「カラスの母さん、張り切っているな。今年は、ヒナは何羽生まれたんだい？」

「3羽です。みんな、とってもかわいらしいの」

数日後、私は温室のウリを畑に運んできて、1本ずつ丁寧に植えました。畑の土はよく耕されていて、堆肥の栄養もしみ込んでいます。

私は畑の雑草を取り、カラスの夫婦が害虫を捕ってくれます。

新鮮な空気を吸うことができ、日光や雨水にも恵まれています。

こんな環境があれば、野菜は元気に育つでしょう。

ウリ坊たちの成長が楽しみです。

あとがき

SDGs時代の子どもたちへ

「戦争が終わったのに、水島上等兵はどうして日本に帰らず、ビルマ（現在のミャンマー）に残ったのでしょうか」

65年ほど前、私が小学生だった頃のことです。私には、竹山道雄の『ビルマの竪琴』について学んだ授業の記憶が、ふと鮮やかによみがえることがあります。その度に現地に残って戦友の魂をなぐさめる道を選んだ水島上等兵の思いやりの心と平和のありがたさが、私の胸にこみ上げてくるのです。

私は終戦の日のちょうど1年後に千葉県松戸市六実で生まれ、そこで少年時代を過ごしました。

小学校は高木第二小学校に通いました。周囲は田んぼが多く、のどかな田舎の風景が広がっていました。

私は学校の勉強が嫌いでした。楽しい思い出といえば、身の周りにあった自然の中で遊んだり、ザリガニなどの動物を捕まえたりすることでした。

学校嫌いだったのかというと、そうではありません。学校の友だちとはよく遊び、今でも親しくお付き合いをさせていただいています。

授業の記憶の大部分は、きれいさっぱり無くなってしまいました。そうした中で、私の心にしっかりと刻まれたのが、クラス担任だった野島恒久先生による本の読み聞かせの授業でした。野島先生は、いろいろな本を読んでくださいました。中でもよく覚えているのが、『ビルマの竪琴』です。当時は終戦から10年ほど経った頃で、戦争の影を暮らしの中にまだ感じる時代でした。

そんな時代にあって、野島先生は『ビルマの竪琴』を通して、子どもたちに平和の尊さを知ってほしいと思われたのでしょう。この本を読んで、私は「日本に帰るかどうか思い悩んだ末に、ビルマの山奥に眠る戦友の魂をなぐさめて歩くことを一生の仕事にした水島上等兵から、思いやりの心を教わりました」という感想を持ちました。水島上等兵の思いが私の心に響いたのです。

野島先生とは、卒業後も同窓会などでお会いしました。先生はすでに逝去されましたが、生前、「本を読みなさい」と言って、たくさんの蔵書を私に贈ってくださいました。

中でも最も印象に残るのが、山岡荘八の大著『徳川家康』です。約260年も続いた徳川幕府の礎を築いた家康の人物像は、滝見苑グループを創業した経営者としての私にとって、大いに示唆に富むものでした。

私は、「美しい地球を守り、未来に伝えなければならない」と考えています。しかし、世界の現状は、国や民族同士の紛争、温暖化、プラスチックごみの問題などで、地球環境は危機に瀕し、多くの生き物が犠牲になるおそれがあると言われています。

美しい地球は親から子へ、子から孫へと受け継がれてきました。美しい地球を未来に伝えることは、今を生きる大人世代の務めなのです。

美しい地球を未来に伝えるために、大事だと思うことが二つあります。

一つは、祖先から受け継いできた美しい地球を私たちの手で守ること。もう一つは、子どもたちに自然の大切さを伝え、美しい地球を守る担い手として育てることです。

その両輪を回すことで、美しい地球は世代を超えてこれまでも受け継がれ、これからも受け継がれていくのです。未来を担う子どもたちに大事な教えを伝えることを、私は野島先生の授業から学びました。

この『滝見山人 里山ごりやくの細道』の本には、「生き物たちとの交流を通して自然の大切さを伝えよう」という私の思いが込められています。とりわけ第3章には、子どもたちに楽しく読んでいただく物語をそろえました。

生き物たちは、互いに支え合うことで自然のバランスを保っています。だから私はどんな生き物も必要だから生まれてきたのだと思うのです。

気候危機が叫ばれ、ＳＤＧｓ（持続可能な開発目標）への関心が高まる中、この本が、子どもたちが自然の大切さを知るきっかけとなることを期待しています。

新聞もテレビも連日、ロシアによるウクライナ侵攻のニュースを報じています。軍事侵攻は平和を望む人びとの命を奪い、美しい地球を破壊する暴挙です。一刻も早く戦争が終わり、平和な暮らしが戻ることを心から祈ります。

『滝見山人　里山ごりやくの細道』の出版に際しては、３年前に出した絵本『さくらのサッちゃんとみの虫ぼうや』（愛育出版）でご尽力いただいた平松義行さん、利津子さんご夫妻や沖浩さんに再びお世話になりました。文章を書くのに慣れない私を長い目で見守っていただき、感謝いたします。

最後になりましたが、だれも来ない辺鄙な土地で、旅館経営から有機農業、そして、今回の出版にいたるまで、半世紀にわたって夢を追い続けてきた私を、常にしっかり支えてくれた妻・美恵子には心から感謝しています。

令和５年初夏
二代目滝見山人　富澤　清行

富澤清行（とみざわ・きよゆき）

昭和 21 年、千葉県松戸市生まれ。大多喜町・養老渓谷で「秘湯の宿 滝見苑」「渓谷別庭 もちの木」「滝見苑けんこう村 ごりやくの湯」などの温泉旅館施設を手がける。二代目「滝見山人」として、半世紀にわたりモミジを植え続け、養老渓谷が関東を代表するモミジの名所となるのに貢献。有機農業の実践・探究に情熱を注ぐ。自然公園指導員。平成 26 年藍綬褒章受章。

滝見山人《たきみさんじん》　里山《さとやま》ごりやくの細道《ほそみち》

2023 年 7 月 1 日　初版第 1 刷発行

著者　富澤清行
表紙絵　はせがわゆうじ

編集　平松利津子
デザイン　村上史恵

制作　株式会社アスワン・エンタテインメント
企画・協力　沖浩

発行人　伊東英夫
発行所　愛育出版
〒 116-0014　東京都荒川区東日暮里 5-6-7　サニーハイツ
電話　03-5604-9431　　FAX　03-5604-9430
印刷所　株式会社ジョイントワークス

ISBN 987-4-911091-03-6